# 传承与创新

广西师范大学企业家校友访谈录

何小明　陈　琳　主编

GUANGXI NORMAL UNIVERSITY PRESS
广西师范大学出版社
·桂林·

**图书在版编目（CIP）数据**

传承与创新：广西师范大学企业家校友访谈录／何小明，
陈琳主编．—桂林：广西师范大学出版社，2024.3
　ISBN 978 - 7 - 5598 - 6625 - 7

　Ⅰ．①传… Ⅱ．①何… ②陈… Ⅲ．①企业家 - 访问记 -
广西 - 现代 Ⅳ．①K825.38

中国国家版本馆 CIP 数据核字（2023）第 223285 号

传承与创新：广西师范大学企业家校友访谈录
CHUANCHENG YU CHUANGXIN：GUANGXI SHIFAN DAXUE QIYEJIA
XIAOYOU FANGTANLU

出 品 人：刘广汉
责任编辑：李　梅
装帧设计：赵震岳
广西师范大学出版社出版发行
（广西桂林市五里店路 9 号　　　邮政编码：541004
网址：http://www.bbtpress.com　　　　　　）
出版人：黄轩庄
全国新华书店经销
销售热线：021 - 65200318　021 - 31260822 - 898
广西广大印务有限责任公司印刷
（桂林市临桂区秧塘工业园西城大道北侧广西师范大学
出版社集团有限公司创意产业园内　邮政编码：541199）
开本：787 mm × 1 092 mm　　1/16
印张：15　　　　　　字数：253 千
2024 年 3 月第 1 版　　2024 年 3 月第 1 次印刷
定价：88.00 元

# 编委会

---

### 顾　问

黄晓昀

### 主　编

何小明　　陈　琳

### 副主编

陈建光　　黄河清

### 编　委

张重辉　　麦上锋　　李　梅　　钟俏峰　　刘　政

# 序

　　《传承与创新——广西师范大学企业家校友访谈录》是广西师范大学校友会企业家校友联谊会特别策划的一本书。本书编委在诸多优秀校友中特邀 48 位校友企业家进行独家采访，记录了校友们在社会发展浪潮中创业奋斗、成功实现从大学生向实业家转变的故事，体现了广西师大"弘文励教　至臻至善"的文化传承及企业家校友奋发有为的积极风貌。这些校友来自天南海北，从事各行各业，他们无一不极其真诚地讲述属于自己的故事。

　　这是一个时间跨度近半个世纪，空间却又聚焦在桂林靖江王城独秀峰下的群像，在他们的身上有着共同的标签——广西师大人。广西师范大学，在桂林这片山水甲天下的胜地上，以"卓然独立天地间"的"独秀"气质昂首走过了 91 载风雨岁月，在山水灵气中根植人文底蕴。

　　1932 年 10 月 12 日，作为中国最早的高等师范学校之一的广西省立师范高等专科学校在桂林雁山园成立，是为广西师大的源起。其间，邓初民、陈望道、熊得山等马克思主义在中国的早期传播者陆续任教于此，为学校铭刻下在党的坚强领导下始终坚守梦想和追求、情怀和担当、牺牲和奉献的基因底色。

1944年，侵华日军逼近桂林，正在经历"国立桂林师范学院"办学阶段的广西师大举校西迁至柳州丹洲、贵州平越。这段西迁历史，虽未有清北南开三校南迁而成西南联大之盛名，却也是以艰苦卓绝为民族担当。

在广西师大91年的办学历程中，经四度调整、六次更名、八次迁址，从广西省立师范高等专科学校到国立桂林师范学院，从广西师范学院再到如今的广西师范大学，凡此不离"师范"二字。风风雨雨中，"尊师重道 敬业乐群"的校训精神和"弘文励教 至臻至善"的"独秀"精神深刻在广西师大人的基因里也就不难理解了。

复旦大学前校长杨福家院士曾说，大学之所以称为大学，不仅仅是客观物质的存在，更重要的是在于她的文化和精神的存在。之于广西师大的这种文化和精神，首要就在于"师"。唐宋八大家之首的韩愈作《师说》道"所以传道授业解惑也"。尤其喜欢读文中48位企业家校友的"寄语"，这些不长的文字，是他们人生经历的感悟，更是他们"传道授业解惑"的讲义要点，辅以属于他们自己的创业故事，确是每一位广西师大后来者很好的人生读本。

广西师大虽以"师范"立校，却未曾囿于"师范"，前有前身广西省立师范高等专科学校第一任校长杨东莼立下的"建设广西之柱石"的宏愿，后有现在"以培育英才、传承文明为使命，追求卓越，厚生益众，推动社会进步"的学校办学目标。这才是其文化和精神的更高追求与传承。

校史载，早在广西师专时期，首届中国经济学奖获得者、中国特色社会主义"市场经济拓荒者"薛暮桥先生就曾在此任教，甚至他的

"暮桥"一名，也由此而来。随后，这份经济学教授名单里还有马克思主义政治经济学家马哲民、马克思主义经济学家陈翰笙……之所以在众多名家大师中专择经济学方面的简列于此，皆因本书所记录的是48位企业家校友——当然，社会主义市场经济大潮中，广西师大校友中涌现出的弄潮儿远不止于此——他们只是其中的代表，代表着通过创业立业，不断成长、发展、壮大，在各自的领域里为国家、为社会做着贡献的广西师大所有企业家校友。

2014年10月，以"研讨大学教育与企业发展如何实现互惠共赢"为初衷，学校成立企业家校友联谊会，时评"这是长期以来定位于为普通中学培养教师的广西师大的一次新突破与新尝试"。当时参加联谊会成立仪式的企业家校友携手开始构建一个在当时还很模糊，在今天却极有意义的平台。经过9年的发展，这个平台越发显现出其价值的时代性——越来越多的企业家校友投身其中，依托学校人才、学科和平台等资源，积极推动了产学研合作和科技成果的转化；同时，也为今天的广西师大学子提供了创新创业教育最具实际意义的一手案例。

个人的发展与社会的发展息息相关。随着社会主义市场经济的发展和人们价值观的变化，大学生创新创业成为新时代的新命题。

党的十八大以来，党中央坚持把教育作为国之大计、党之大计，作出加快教育现代化、建设教育强国的重大决策。党的二十大报告把教育科技人才单独成章进行布局，吹响了加快建设教育强国的号角。2023年5月29日，习近平总书记在中共中央政治局第五次集体学习时指出："建设教育强国，龙头是高等教育。"教育兴则国家兴，教育强则国家强。高校的学生是富有梦想、最有朝气的青年群体，富有创造力和想象力，他们的价值取向影响着未来整个社会的发展方向，其能力素质决定着未来社会的发展水平。高等教育在坚持"为党育人、为国育才"的教育内核中，努力构建以服务国家战略和经济社会发展为导向的创新创业人才培养体系。通过走出去和请进来，开展有组织的人才培养，不断适应科技创新和产业变革，以高质量创新创业教育赋能共同富裕，扛起实现第二个百年奋斗目标的政治责任和历史使命。从国家层面，在进一步深化新发展阶段高校创新创业教育改革的大时空背景下，作为这些企业家校友的学弟学妹们，有这样一群在实践中走出来的师者，有这样一个"师大人"的创新创业平台，何其幸哉！愿广西师大的年轻学子们能从先进的故事里汲取经验、感悟真知，开拓创新、奋勇向前！

2023年11月1日

# 目录

校友风采

　　这是一个充满挑战的时代。本书特邀 48 位杰出企业家校友进行深度访谈，记录了他们在波涛汹涌的市场中迎风破浪、坚守初心的奋斗故事。他们用坚韧与毅力、创新与智慧，打破了传统的束缚，开辟自己的新天地。他们的故事见证了广西师大精神的传承，也折射出这个时代的变迁与辉煌。

# 韦诚：不忘初心，砥砺前行

韦诚，广西师范大学外语系 1976 级校友，现居美国拉斯维加斯经商，是广西著名爱国侨领和侨商，现任广西海外联谊会副会长、中美航空遗产基金会（飞虎队协会）荣誉副主席，曾任中国留学生学者联谊会会长、美国广西同乡会第三届会长等社团职务。

**人生格言** 学哲史，遵天道，立静志，铸专长，审度势，敢人先，德才全，赢顺逆。

从广西象州走到美国拉斯维加斯的韦诚，其经历堪称一部个人逆袭史。

## 少年：艰难困苦，玉汝于成

1958 年至 1981 年，韦诚在广西象州和来宾县读幼儿园、小学、初中，毕业后插队务农，当过工人和中学教师。

20 世纪 70 年代，韦诚的父亲韦纯宽因受到冲击，被贬去广西象州县五七干校看牛养猪 8 年多。因受牵连，他无法读高中（甚至差一点不能上初中）、大学（尽管被推荐和文化考核分数第一）。

1971 年，16 岁的他作为唯一的初中应届生到象州县罗秀镇罗邦村插队务农 3 年，有时候几个月才能吃一次猪肉。

## 青年：特立独行，十年寒窗，实力立身，厚积薄发

1974 年，韦诚从象州调到生活条件艰苦的广西合山电厂当锅炉冲灰工，后改为锅炉机修工，从事高温、高尘和高空工作。

1976 年，因表现出色，他获准加入基干民兵和共青团组织，并被工厂择优派到广西师范学院外语系学习，成为最后一届无需进行文化考试的工农兵大学生。

韦诚上大学时只认识 26 个英文字母和喊几句英文口号。由于英文基础太差，在第一个学期期终考试时，他仍记不住 100 个单词。

为了解掌握西方世界文明和以夷制夷的利器（1974 年他曾报考广东外国语学院德语专业），韦诚暗下决心一定要排除万难，学好英语。除学习正常教科书外，他夜以继日地看书做笔记，借阅了 500 多本英文书籍，还主动结交桂林国际旅行社的专业英语导游，与外国游客练习英语对话，快速提高自己的英语能力。他广泛阅读各种难度和各种题材的课外专业书籍，并摸索出有效解决英语阅读和翻译难点的方法。天道酬勤，他终于拥有在英语语言大海里独立遨游的能力。韦诚毕业时，广西师范学院外语系给他写下了"可胜任英语大专班教学"的评语。

因求学心切和某些做法的与众不同，当时的韦诚被误列为调皮捣蛋学生之首。为提高自己的抗压能力和执行力，他花了两年时间坚持晨跑，周末越野跑，冲冷水浴。功夫不负有心人，他成为非体育田径专业的跑步高手，在全校运动会上获得四百米栏第二名和"国家三级运动员"称号，当上"军体委员"，用实力改善了个人的小环境。

韦诚自幼喜欢阅读传记、历史和东西方哲学书籍。他在毕业后，返回广西合山电厂子弟中学任教两年，继续对英文语法和英文实际应用做了深入研究。他手抄 700 多页的俞大絪编写的大学四年

级英语教材，翻译了几本英文原著，其中一本《希特勒的罪恶生活》在广西民族出版社出版。

## 中年：时来运转，驰骋职场，与时俱进，逆袭人生

1981 年底，韦诚被调到南宁广西石化技校任教，在帮助南宁市政府与外商谈判合资项目时，因其翻译才能和综合素质被澳洲财团看上，外商以此作为投资条件向中方提出："如果不让韦先生当总翻译官，则不投资办此合资企业。"于是，从 1982 年初起，韦诚为南宁琼斯有限公司总经理威廉·麦顿斯当了近四年的专职翻译。他在这广西第一家中外合资企业里受到西方现代企业管理的影响，学到了外资企业管理知识和西方高级管理人员务实和严谨的思想与工作方法，这让他在海外创业时受益匪浅。

1984 年底，韦诚调到深圳，先后在中国农垦中美合资企业和深圳市政府城市规划委员会工作，出色完成深圳市总体城市规划书翻译和大型中外专家学术交流演讲大会口译任务。

1986 年，由于广西急需熟练的外语人才，韦诚被广西壮族自治区人事厅直接发调令召回广西，负责主持中国广西国际经济技术合作公司开发部日常工作，先后出访非洲、欧洲、美国、澳洲等地，开展海外投资、援外工程、国际展销和国际贸易等业务。

## 壮年：白手创业，亲力亲为，投资母国，一介儒商

1987 年，韦诚赴北京第二外国语学院在全国外经干部培训班深造半年。经各级部门推荐审查，他参加两次省级和国家级英文考试（考分均名列榜首），1990 年初被公派美国旧金山州立大学当访问学者一年，主修国际商法和国际贸易。在充满竞争的陌生环境里，丛林法则和经济强盛才是硬道理。为证明自己拥有海外打拼生存和发展的能力，为证明中国人也可在欧美国家白手起家和有所作为，韦诚当过洗碗工、搬家工、送报员、电话推销员和兼职翻译。1992 年，韦诚成立美国现代技术公司，开始创业。经过多年艰苦努力，他在车库里先后开展废旧有色金属出口、广西

产品进口（梧州神冠蛋白肠衣、南宁山梨醇、藤县钛白粉）商业咨询，因拥有中国国家外专局颁发的培训资质证书，多年来为中国各省市和中央政府部门培训了许多访美官员和经理团组，同时也率领美国甘蔗种植和炼糖专家、饲料专家和短缺实用技术专家赴华访问参观，多方面配合中国改革开放的基本国策。

2004 年，韦诚作为北美总经销商和三大股东之一参与收购梧州神冠蛋白肠衣厂。2009 年，广西神冠胶原生物集团有限公司在香港股票市场成功上市，目前该公司规模在行业中排名亚洲第一和全球第二，公司产能增加二十多倍，工人约 3000 人，而韦诚的个人事业进入新的发展阶段。

## 老年：行善积德，回馈社会，饮水思源，造福故乡

韦诚事业小成后不忘古训和族训，多年来坚持资助弱小，尊老爱幼，慷慨捐助公益事业，捐款赈灾建亭修路修坝。2012 年，他在广西师范大学捐款百万成立"诚华青年教师奖励基金"。2015 年，作为召集人的他，率领世界华人领袖陈香梅女士等三十余侨领回南宁参加首届全球桂籍侨领联谊大会。2016 年，他召集旅美侨领赴北京人民大会堂参加国庆宴会。2017 年，韦诚作为大会主席在南宁成功主持有 40 个国家近千名桂籍侨领侨商的新能源科技专家参加的第十八届世界广西同乡联谊大会。2018 年，韦诚因捐善款多而成为美国飞虎队协会的首位亚裔荣誉副主席兼常务理事。

行善积德，回馈社会。多年来，韦诚坚持知行合一，勇做表率，曾任中国学生学者联谊会会长、美国广西同乡会第三届会长、世界广西同乡联谊会第十八届主席、广西师范大学杰出校友、广西壮族自治区政协特邀海外嘉宾、广西海外联谊会副会长等国内外社团职务。

# 梁伟平：锐意进取的企业家

梁伟平，广西师范大学化学系 1981 级校友，创办福斯特化工有限公司、福斯特金属表面处理技术发展有限公司，现任广东江门市工商业联合会执行委员、广东江门市广西商会执行会长、中国钢铁工业协会不锈钢分会常务理事。

**人生格言** 诚实有信，学无止境，不断超越。

## 放弃"铁饭碗"下基层，发现商机

梁伟平 1985 年从广西师范大学化学系本科毕业后，被分配到百色师范专科学校化学系任教。五年后，他考取了华南师范大学化学系物理化学——计算机化学专业的研究生，攻读硕士学位。

毕业后，为了把学到的知识运用到实际工作中去，争取更大的作为，他放弃干部身份，放弃"铁饭碗"，应聘到广东江门市的乡镇企业工作。他的这一举动，引起同学们的一片哗然，因为当时研究生极少，自觉自愿去乡镇企业的人更是凤毛麟角。对他来说，做这样的决定需要很大的勇气。但他毅然决定，义无反顾，也无怨无悔。为此，他受到了有识之士的好评，也获得了六万元的奖励。

在基层工作三年后，他发现用铝合金做的门窗非常畅销，但它表面着色用的添加剂国内却无法生产，基本上要从意大利进口，价钱也很贵，便产生了要在这方面突破、取而代之的想法。然而，研发这种添加剂对于梁伟平来说是一项巨大的挑战。他没有任何研发经验和资金，也没有属于自己的团队，一切都得从零开始。但他并没有被困难吓倒，而是决心以自己的实际行动来突破这一难题。他先与自己的同学、广州一家铝合金厂的总工程师合作，借助便利条件，进行了前期的研发准备。三个月后，他自觉准备工作已经就绪，便正式启动，很快就获得成功。他研发出来的添加剂，成本较低，价格便宜，质量也好，很快就占领了市场，获得了可喜的经济效益。

为了把自研的添加剂做大做强，让它取代进口的产品，梁伟平更新销售的观念，利用媒体大力进行宣传。他不惜成本，在《羊城晚报》《参考消息》《电镀与环保》等全国有名的报刊上刊登广告，详细地介绍它的优点、价格，让更多的客户了解。他的努力很快得到了回报，订单不断传来，利润也成倍增长，他顺利获得了创业路上的"第一桶金"。梁伟平凭借自己的勇气和智慧，成功地开创了事业的新篇章。

梁伟平尝到了科技创新的甜头，锐意进取的劲头更足。他认为企业要持续发展，产品必须创新，而产品创新实际上就是技术创新，如果没有新的技术，产品就很容易被淘汰。为了把好企业的发展方向，他一方面重视人才的培养和引进，另一方面不断地进行新技术、新产品的研发。他选择与国内一些大学和科研单位进行合作。实践证明，这是一条很好的路子，它可以保证技术、产品的新颖性和前瞻性。

如今，梁伟平的企业已发展成为高新技术企业，到目前为止，他已有了3家公司，即福斯特化工有限公司、福斯特金属表面处理技术发展有限公司和广西平果得莱谱科技发展有限公司。他的公司多元化发展，立足创新，已获得了 5 项技术发明专利，其中 1 项是广东省创新技术产品，1 项获国家创新基金奖。他研发的产品，都是制造行业急需的，不仅在国内畅销，还远销东南亚各国及中东地区。这些都展现了梁伟平卓越的商业才能和战略眼光。

## 回母校开讲座，分享人生经验

梁伟平办企业获得成功后，始终念念不忘母校。2013 年 12 月 5 日，他回到母校，为学弟学妹做了题为"大学生就业和社会的发展进步"的讲座，以自己的亲身经历，勉励在校的学子要"志存高远，在大学读书时就要选好目标，定好位置，做好准备"，"一个人没有目标，就没有动力；没有方向，就会走偏"。

梁伟平告诉学弟学妹，博览群书也是十分重要的，学化学的不要只看化学方面的书，应当充分利用学校的图书资源，在对自然科学学得透彻的同时也要对人文科学有所了解，才能成为一个高素质的综合性人才。在讲座中，他谈到了自主创业的艰辛和挑战，鼓励学弟学妹们在面对困难时要有勇气和决心。梁伟平还建议学弟学妹们亲自到人才市场去了解不同职业的具体要求，这样在就业时会比较容易成功。对于知识的学习，他建议，应该让自己的知识结构立体化，综合学习多方面的知识，才能游刃有余地运用和管理。他举例道："我们有 5 项发明专利，不是使用专利。只有拥有知识产权才能长久发展，而知识过于单一则容易被模仿。"他的演讲充满激情和感染力，激发了学弟学妹们追求梦想的热情和决心。

梁伟平是一个典型的创新者榜样。他的锐意进取和对梦想坚持不懈的追求，为母校的学弟学妹们树立了一个良好的榜样。他的成功故事也向广大校友传递了正能量和启示，鼓舞着更多的人追求自己的梦想并努力实现目标。

梁伟平的事迹激励着每一个人，让我们明白：只有不断追求卓越，勇于突破自我，才能在人生的道路上走得更远，实现自己的梦想。

# 甘剑初：用商业助力家乡的公益人

甘剑初，广西师范大学生物系 1987 级校友，现任广西泰润投资有限公司董事长，岑溪市汇港仓储有限责任公司、岑溪市鸿和商贸有限公司总经理，岑溪市南松纸业有限责任公司董事长，岑溪市马路镇及市党代表、政协委员，马路镇商会会长。

**人生格言** 坦诚相待，正心正念，与人为善。

## 商海中大显身手

1989 年，从广西师范大学毕业后，甘剑初来到南渡中学任教，三年后，他被调到岑溪二中，翌年停薪留职，下海经商。当时，他发现岑溪的花岗岩都是卖毛板，没有深加工，效益不佳。于是，他在下海当年就开了岑溪第一家花岗岩磨光厂，随后还经营起岑溪红花岗岩矿山和石材毛板加工厂。每平方米 150 多元的毛板，深加工后可以卖到 230 元，最高可卖到 320 元，甘剑初由此赚到了下海的第一桶金。后来，他还在当地率先开发了厚板和异型板材。

为了形成自己的产业链，甘剑初又到北京、上海、杭州、昆明和哈尔滨等地开销售点。可是后来，岑溪人纷纷到全国各地开石材销售点，以杭州为例就有30多家，大家处于相互压价，甚至倾轧的无序竞争之中，板材价格一度跌到了每平方米五六十元的冰点。

面对这样的市场行情，2004年7月，甘剑初果断变卖了石材厂，重新上班。当了四年岑溪教育局勤工俭学公司经理后，他再次下海经商，并于2009年创立了占地60多亩的岑溪汇港仓储物流公司，接着他又在南宁成立了南宁汇港物流公司并任董事长。随着公司业务的发展，岑溪汇港物流公司员工增至100多人，服务的范围包含云贵川渝等多地，公司主要承接电商和传统货运尤其是岑溪的农产品物流，例如岑溪的砂糖橘、龙眼干、大果山楂、香蕉等。

2018年，岑溪龙眼大丰收，但价格被压得很低，果贱伤农，很多农民懒得采摘，任其烂在树上。甘剑初心想，任由果子烂在树上，这些果子会因为消耗过多养分而影响明年的挂果，于是他做了一个大胆的创举，花钱雇请了数百人进村给果农摘果，并按合理的价格，过秤计价给果农。看着"从天而降"的钱，果农自然是喜笑颜开。这既保障了甘剑初公司冷链配送的物品供应，又避免了果贱伤农，一举两得。岑溪数万亩百香果收获后，大部分经销商会将其拉到甘剑初的公司里冷藏，然后利用其电商销售平台销往全国各地。而对于送农产品进冷库冷藏的经销商和农户，甘剑初则总是让其先付部分款项，待到出货后有了钱再结清余款，因而深受客户青睐。

## 饱汉也知饿汉饥

甘剑初创业成功后，没有忘记自己的社会责任，14年来，他长期为岑溪市经济建设贡献力量，积极参与岑溪市各项公益性事业的捐款，现如今捐款已超过500万元。他说："我愿意做一湾水，水能归大海做波涛，是因为它懂得转弯，遇到硬的就回避，硬碰硬只有输家而没有赢家。"

在全国上下都在精准扶贫的那段时间，甘剑初感觉到自己身上的担子沉甸甸的，主动承担了马路镇200多户农民的扶贫任务。他选择了种植三华李的农民脱贫致富项目。于是，甘剑初带领五星村的群众到广东信宜前排镇，观摩国内著名的前排三华李种植，随后他还安排公司人员和农户去学习种植技术。很快，剑利果蔬专业合作社宣告成立，同时甘剑初还建立了三华李示范基地，并带动农户种植1000多亩，让农户以劳动力、土地和合作等形式加盟合作社，而合作社免费提供3万株价值15万元的果苗给农户，并通过物流公司的电商销售平台销售果品，这样就形成了一个完整的产业链。

甘剑初体谅穷人的艰辛和不易，因为他的家乡就在当时的贫困村——五星村兰底组。2011年，看到村民出行依靠的是一条不怎么通畅的泥路机耕道，于是他找到交通部门，而对方表示村民要先搞好路坯，然后交通部门才能全额出资硬化道路。但当时许多村民还很贫困，无力筹款。甘剑初二话不说，慷慨拿出20万元，完成征地和拓宽等路土坯工程。不久，一条昙容至五星再到兰底的长达7千米的水泥硬化路通车了。

后来，甘剑初看到村民文娱活动也很匮乏，他又谋划建设兰底村民活动中心，拿出了36万元建河堤、硬化活动中心场地以及篮球场。五星村委办公楼的建设遇到资金困难的时候，甘剑初也伸出了援手，首先借支4万元给村委征地，接着无偿出资13万元为办公楼装修和购买办公用品。

熟悉甘剑初的人都说，他是"饱汉知饿汉饥"。五星村的奖学助学搞了近十年，每年甘剑初都出2万元资助。不仅在五星村，市政协扶贫助学和全市的奖学助学活动，甘剑初都积极参与带头捐资。同时，甘剑初还安排五星村的3户五保户和1名残疾人到自己的公司做保安或仓管工作，他们的月薪比岑溪保安的一般工资要高几百元。

## 重视教育更重视乡村振兴

"非公企业有了党，科学发展有方向"，这些醒目的大字将汇港物流公司党建活动室装点得格外有氛围。甘剑初特别重视党建工作，他的公司经批准成立了党支部，隶属于马路镇党委，并且公司经常派遣党员到村子里为党员和群众上党课。2015年，甘剑初获得了镇优秀党务工作者称号。

2019年，甘剑初作为优秀校友，参加了广西师范大学生命科学学院建院60周年庆典，他在庆典上进行了一场"感恩、自律和成功"的主题报告。他指出一个人必须时常怀着一颗感恩的心，感恩自己生活中遇到的每一个人。他还指出，自律是当代大学生必须养成的一种品性，他认为做到真正良好的自律就是要着眼于今天，把今天要做的每一件事情都做好。

对于广西师范大学的学弟学妹们，他忠告道："人的一生都是奋斗学习的一生，想要成功，首先要有动力、压力与自律能力。有了目标就要以永葆青春、激情澎湃的精神状态一步一步做好每天的工作。"他还强调，"想要融入社会，还不能孤军奋战，要看看周围的成功案例，找出自己与别人的差距，以差距为压力，把压力化为动力，朝着目标踔厉前行。"在他看来，除了目标与动力，还要把自己管理好，才有可能成功。而如何管理自己？甘剑初坦言："我的个人理解就是在做好远景目标规划以后，重点关注每天、每周的工作学习完成情况，即时刻以效果导向思维，不断总结，然后再去努力工作，我相信即使不能完全实现自己的目标，也会差之不远。"

教育关系着社会的未来、国家的未来，甘剑初始终重视乡村教育，他认为乡村教育振兴起来，乡村才能更好地振兴。2022年，甘剑初以知名企业家的身份，返回自己的初中母校昙容中学，以实际行动支持昙容教育。

"坦诚相待，正心正念，与人为善"，是甘剑初一直坚守的人生格言。他的身上从不缺标签，他不仅是一个企业的领导者，更是社会的一分子，有着崇高的社会责任和使命感，以社会的发展和人民的福祉为己任，用行动诠释了什么是真正的企业家精神。

# 黄映恒：融合教育智慧，创造商业价值

黄映恒，广西师范大学化学系1987级校友，工学博士，研究员，现任广西大学资源环境与材料学院硕士研究生导师。他创办了广西恒信博大科技集团有限公司、广西经正涂料有限公司等企业，不但是一名优秀的企业家，也是一位桃李满天下的教育工作者。

**人生格言** 业精于勤，荒于嬉；行成于思，毁于随。

黄映恒，被业内人士称为富有书卷气息的企业家。他不仅创办了广西恒信博大科技集团有限公司、广西经正涂料有限公司等企业，在矿产资源（碳酸钙、锰矿、稀土矿）综合利用关键技术研究，以及表面涂层涂装关键技术应用方面均取得了较突出的科研成果。而且，他还是一位拥有30多年教学经验的教育工作者。

## 从教师到创业者

1991 年，黄映恒大学毕业。他凭借优异的在校成绩和表现，获得广西壮族自治区优秀大学毕业生称号，被分配到河池师范高等专科学校，担任化学专业和计算机技术课程的教师。1996 年，他被派往北京师范大学进修学习，这期间电脑培训在北京非常普及，而且是大势所趋。于是他萌生了创办电脑培训机构的想法。1999 年 2 月，进修学习结束没多久，他便在宜州区创办了恒信电脑技术公司和宜州区第一所计算机技术培训学校。2012 年，他创办广西恒信博大科技集团有限公司，主攻科技成果转化业务，研发和生产光致发光材料、光热储能材料、无机防火材料、建筑内外墙涂料及其他功能性材料等。公司创办至今，已经成为一个多元化的集团公司。

创业说起来容易做起来难，想要做大做强更难。谈到创业契机，黄映恒表示："对我来说，这绝不是一个偶然的机会，而是一个知识和机会积累的过程。"在广西师范大学学习期间，虽然学的是化学专业，但生性好学的他还认真学习了学校开设的计算机课程，这为他后来开办计算机培训学校奠定了基础。1996—1998 年，他到北京师范大学化学系进修物理化学专业，学习电化学电极过程机理研究方法；2003—2006 年，他在广西大学从事电化学电极材料制备及应用研究；2006—2011 年，他继续在广西大学从事无机纳米材料化工研究……机会永远都是给有准备的人。黄映恒在不断学习的过程中迎来了创业机会，也在机会来临后继续学习，令自己的企业逐渐强大。

除了企业家身份，黄映恒始终是一位教育工作者，长期在高校任教，先后在河池学院（河池师专）、桂林理工大学南宁分校、广西大学任教。因此，曾有人评价他是一位带有浓厚书卷气息的企业家。

## 应对挑战，壮大企业

创业多年，遇到过哪些困难？对此，黄映恒表示，自己从来没有考虑过这个问题，因为困境是问题，但也可以不是问题。工作中，他往往只关注问题的解决办法，而不是问题的难度。疫情期间，对一个国家、对一个公司、对一个家庭都是困境，但黄映恒的公司没有减员，也没有大幅度减薪，而是改变工作和管理模式，通过多渠道增收节支，最终公司200多人一起度过了三年难关。

一路走来，黄映恒凭着自己的努力和学习，带领团队，获得诸多成果和荣誉。他主持了广西科学技术开发项目，广西中小企业创新基金、广西教育厅科研基金、广西青年科学基金项目，以及南宁市科学研究与技术开发计划项目等十多项项目，参与国家级、省部级研究项目多项，在国内外刊物上发表论文近百篇，发表SCI论文多篇。此外，黄映恒一直很注重知识产权，公司在科技和教育两个行业中都申请了国家发明专利，至今共有40多项，现在公司的核心产品都是以专利为基础研发生产的。

谈到自己的成就，黄映恒谦虚地说："也谈不上什么成绩，如果说有点成绩，那首先是我作为一名老师，培养了30多届学生，有的升学攻读硕士、博士，有的已毕业在高校或中小学任教，有的在企业担任工程师。教书育人是让我比较快乐的事，而培育出对社会有用的优秀人才，则是我的成绩、我的骄傲。"对于创办企业，他表示，创办的两个科技公司和一所培训学校，其中有一家公司已成为国家高新技术企业。持续创业24年来，平均每年为社会提供了两三百个就业岗位，培训学校先后和30多所国内外高校合作办学，为国家培养了十多万名大学毕业生。与此同时，数万人次参加了他的培训学校的各类短期培训，缓解了部分企事业单位在职员工提高学历和能力的需求。科技公司研发生产绿色环保、防火A级、无苯系物、无VOC的国家专利无机涂料等产品，广泛应用于办公场所、学校、医院和住宅等，参编全国化工行业标准《HGT 4885-2015 工业沉淀碳酸钙单位产品能耗限额及计算方法》，并参与中国工程建设标准化协会（CECS）《无机矿物地坪涂料》等多个标准编制。因此，黄映恒对成就的定义不仅仅是个人获得了多少荣誉或者企业的壮大，更多的是为社会作出了多少贡献。

## 感恩母校，初心不忘

从刚进学校的懵懂学生，到如今的高校教师、博士、研究员、导师、企业家，除了自身的不断学习、探索，黄映恒尤其感谢母校广西师范大学给了自己最初的帮助。进入大学的第一节化学课是陈静瑜老师讲的"无机化学"，助教是蒋毅民老师，两位老师开启了他一生的化学之旅；在覃海错老师指导下做毕业论文，并在期刊上发表，第一次得到较完整的科研训练，积累了科研经验，为之后的硕士、博士阶段研究和企业产品的研发生产打下了扎实的基础；在卢泽勤老师和李家元老师的带领下前往玉林高中教学实习，则是他教书生涯的开始；在班主任罗索老师的带领下，推销学校化工厂的三十烷醇叶面宝，学习做营销业务，为后面创业奠定了基础。毕业后，还得到母校众多老师持续的支持和帮助。

对于未来，黄映恒有着自己最坚定的想法。教师作为自己最热爱的职业，会保持初心，一直坚持下去，向社会输送更多的优秀人才。虽然身兼企业家身份，但他认为不能把教育当作商品来经营，因为教育的本质是教书育人。对于自己的公司，他认为科研企业，必须拥有核心竞争力；由于核心竞争力是不断变化的，一个产品的寿命往往只有五年，因此要毫不松懈，带领团队加强科研，时刻保持核心竞争力。

确定目标，才能找准方向。无论是教师，还是企业家，黄映恒始终明白自己的目标，也朝着自己的方向不断奋力拼搏，以智慧点亮未来，更好地实现商业价值。

# 陈琳：商海沉浮三十载，安居保障助民生

陈琳，广西师范大学中文系1989级校友，曾任柳州师范专科学校中文系教师，现任广西佳绿房地产开发有限公司董事长。从教师到创业者、再到守业人，陈琳始终秉承初心不改，坚持安居保障助力民生，为广西发展贡献企业家应有力量。

**人生格言** 学以致用，顺势而为，做自己能够做的事，说自己可以说的话。

"今年是我经商的第30年。"陈琳，这位广西佳绿房地产开发有限公司的董事长表示，在这30年里，他就做了三件事：从1993年开始，辞去教师工作去经商，做消防器械；从2006年开始做房地产，整整17年，他坚持只做保障性住房；而今，他又开始转型做实业，在北海投资生产建筑板材。

陈琳一直很善于抓住机遇，这使得他的商业版图越做越大，但他所遇见的这些机遇从来不是从天而降的。机遇留给有准备的

人，在他寻觅商机的路上，他不仅广交好友，同时面对困境又从不退缩不前，这些因素综合起来发挥作用，使机遇源源不断地涌现。他的经商之路正可谓有风有雨，更有彩虹。

## 脚踏实地，在摸爬滚打中找准定位

"刚出来那阵子，先是搞推销，后来也做工程，做施工。"陈琳说，他一路走来尝试过很多份工作，1989 年到桂林读书，1992 年毕业当了教师，1993 年辞职到柳州工作，从在广西柳州师专中文系任教到创办广西佳绿房地产开发有限公司，一路坎坷艰辛中，他慢慢找到了自己的定位。

从 1993 年到 2003 年，陈琳在柳州干了 10 年。后来，陈琳去了一个房地产公司打工，在打工的这四五年间，他认为自己像是新学了一个房地产专业，并且把整个房地产公司的程序都熟悉了一遍。2006 年，他离开这家房地产公司，去百色找到了合伙人，自己做起了房地产生意，并成立了佳绿房地产公司，在百色、梧州等地做保障性住房。

"取君上驷与彼中驷"，从田忌赛马的故事中，陈琳明白，当自己的许多同学选择在北上广深发展的时候，他只有留在广西才能将自己的力量发挥到最大。"在别的地方我未必能做出很好的成绩，但是在广西我有能力做好手中的每件事情。"他表示要认准自己的位置，不能好高骛远，也不能妄自菲薄。从 2006 年到现在，在广西这片土地上，他做出了一百多万平方米的保障房，也做出了几十个亿的产值。

"实在很感谢广西这块土地。它教给了我知识，也给了我人生可贵的机会。"30 年的经商路上，广西一直是他征程中不可缺少的一部分，他始终围绕广西发展着自己的事业。无论是教书育人，还是经营商业，就是留在广西，为当地的发展贡献自己的力量，如今回首望去，他确实做到了。

## 让利于民，帮助更多人买得起房

在找准定位后，他开启了自己的房地产事业，他强调自己开的房地产公司，与其他房地产公司并不一样，他的公司做的是中低端的保障性住房，不是高端的住房。在广西，其实是有每平方米两万元的高端房，但他做的保障房，价格基本上在两三千元一个平方米。

为什么去做中低端的保障性住房呢？他想要给社会中低端收入的人群建房子。他表示自己的保障性住房一般是同地段商品房价格的 60%，保障房主要有很多的优惠政策，同时政府规定了他们只有 7% 的利润可拿。"因此，效益就要靠我们自己管理了，对于保障房我们一直很用心，不然三两下就把利润全搞没了。"他说道。

保障房价格低廉，利润也低，想要在每平方米上赚钱，这并不现实，对此陈琳一直看得很清楚，"我们每平方米才卖 2000 元，和每平方米要赚 2000 元，这并不是一个概念。"他想要的是以量取胜，获得薄利，从而做大规模。陈琳强调，因为有政府的优惠政策，自己就应该让利于民，帮助更多人买得起房的同时，他自己也能从中获利。他表示虽然利润低，但资金周转快，回款也快。

## 广交好友，培养自己的人脉资源

田忌赛马的故事，促使陈琳悟出为人处世的道理，他认为要认准自己的位置，对自己能力有清楚的认知。同时，他认为干一件事，需要机会，更需要抓住机会，而这几十年来，他觉得自己的运气一直不错。

他很认同一个观点就是，能够有好的机会，在外边做出一番事业，需要"圈子"的帮助。那么，这个圈子文化是以什么样的形式助力的？他举例道："如果在你老家，那么只有你的亲戚邻居是你的圈子。而你离得越远你的圈子就越大，如果你是在外国，那么整个华人都是老乡。"因此，他认为自己作为江西人，在广西读书，那在广西，江西人就是自己的老乡，也就是自己的人脉资源，哪怕原来不认识，由于乡音以及乡情，彼此也能很快拉近距离。

还有的人脉资源，来自校友情。他表示，自己是从广西师范大学毕业的，在广西这片土地上，广西师大能够为他提供很多优质资源。所以，他并不会特意强调个人有多大能耐，在这个社会工作当中，他明白团体的力量要远大于个人的力量。他强调，做生意，仅凭个人能力是行不通的，一定要认识到团体的重要性。

## 谦虚谨慎，意志坚定地向前走

"机会很重要，但不管取得多大成就，都要低调，永远不要骄傲。"这是从商 30 年的陈琳总结出的经验。他表示，他也曾见过一些叱咤风云的人物，在其高光的时刻，以为自己什么都可以做了，实则是眼高于顶。他强调，实际上人的经历和认知能力是有限的，每个人也只能做自己熟悉的事情。

不管做什么事，要说服自己，自己要相信，才能让别人相信。连自己都不信的事情，十有八九最后是做不成的，这是陈琳从商多年最深切的体会。"早年我去推销产品，首先我自己要认同，要相信，自己都不认同、不相信的，那就纯粹是忽悠了。自己都不相信的事情做不得，迟早会露馅儿。"早期的工作，让陈琳永远记住了一点，那就是要做自己力所能及的事情，这也为他的成功之路提供了很大的助力。

后来，在他经历挫折之时，就一直相信自己，因为他知道自己必须往前走。在陷入迷茫的时候，他就常翻看党史，前辈们在面对困境时表现出的坚定不移的意志，也给予了他去面对绝境的勇气。他一直在心中鼓励自己："一定要坚持下去，自己要有信心，才能让企业渡过难关。"他还表示，因为在这个过程当中有太多不确定的因素，想要做成一件事情，一个是自己要努力工作，一个是要坚定信心，再困难自己都要走下去。

一定要坚守原则，这是他在从商多年中得出的更为重要的结论。他表示，自己是农民子弟，能够从农村走出来并不容易，做任何事情都要考虑后果。当今社会，很多人禁不起诱惑，但陈琳内心一直很清楚，不能去想非分之财，不仅是因为他自身道德上的要求，更多的时候，是他明白陷阱和馅饼会同时存在，以为是掉了个馅饼，但其实是个陷阱。

30 年的从商经历,让陈琳找准了定位,从懵懂青年到行业专家,他在其中收获满满,同时也赢得了他人的认同。"求乎上,得乎中;求乎中,得乎下。"他一直坚定地向前走,以高标准要求自己。同时他脚踏实地,做实事,帮助更多人拥有属于自己的家。这是一种责任,更是一种信念。

# 郭建林：拾梦而行的"影视匠师"

郭建林，广西师范大学物理系 1989 级校友，先后创办了深圳市美林道房地产投资顾问有限公司、深圳市深美林房地产评估公司、深圳市风雨虹文化传媒有限公司、王城文化科技（深圳）有限公司。投资拍摄了院线电影《慈善玩家》《猎袭》等，目前担任深圳市龙岗区新联会理事、横岗商会理事、广西师范大学深圳校友会副会长等职务。

**人生格言**　一分耕耘，一分收获。

"暗色夜幕低垂，四周的橙色灯光飞速闪过，开车而归的一家四口尚沉浸在获奖喜悦中，瞬间被一辆大货车撞翻……"这是出现在电影《慈善玩家》中的惊险一幕，引得许多观众心中一紧，而之后电影的情节更是丝丝入扣，跌宕起伏，将人性与金钱的博弈、正义与黑恶势力之间的交锋展现得淋漓尽致。2019 年 10 月，这部由深圳市风雨虹文化传媒有限公司出品的国庆献礼电影一经上线，广受好评，并成功入围第四届金童象国际儿童电影周的主竞赛单元。

这些成就，都离不开这部电影的出品人，风雨虹文化传媒有限公司的创立者郭建林，这位"影视匠师"日复一日地潜心打磨。

## 胸怀梦想，以匠心铸造电影

从广西师范大学毕业后，郭建林曾任职于广西柳工子弟学校、深圳市志健集团、深圳市勤诚达集团等多家单位，并先后创办了深圳市美林道房地产投资顾问有限公司、深圳市深美林房地产评估公司，在地产界取得了卓越成就。但同时，这位极具匠心的创业人始终对电影保持热爱。于是，他决定成立属于自己的电影制作公司，将他想要讲述的故事，亲手搬上银幕，让亿万观众能跨越时空，尽情享受电影带给他们的触动与喜悦。

2015 年 4 月 20 日，郭建林创立了深圳市风雨虹文化传媒有限公司。这是一家集策划、投资、拍摄、制作、宣传、营销、发行等影视功能于一体的综合文化传媒公司。2019 年，在郭建林的带领下，深圳市风雨虹文化传媒有限公司拍摄完成了第一部独立制作的院线电影《慈善玩家》。这部电影讲述了诈骗组织以车祸中死伤的一家四口为噱头，表面上进行慈善募捐，实际敛财诈骗，最终被江州市公安局一网打尽的故事。

电影于 2017 年 10 月开机，历时两年。在拍摄过程中，作为制片人、总导演的郭建林始终秉持精益求精的创作理念，对电影的每一个镜头都用心雕琢。在拍摄开头的翻车戏时，郭建林为了追求更加真实震撼的效果，在车内设置了多台 GoPro 摄像机，而一台 GoPro 摄像机的价格就要 4000 多元。随着小轿车在空中翻腾两圈，重砸在地后，价格不菲的 GoPro 摄像机也变成了一堆碎片。为了拍好这场戏，光是一个翻车镜头就硬生生"砸"掉了郭建林 20 多万元。对此，郭建林却表示，打造一部好的影视作品其实就像建造一座艺术殿堂，离不开各个环节的"匠心雕刻"，他想要带领公司团队成员，成为一批影视"工匠"，用独特匠心呈现每一座艺术化的影视殿堂。他认为只要能给观众带来高质量的观影体验，那么再多的付出与打磨都是值得的。

## 情系龙岗，用声影描摹城市

"这是龙岗的第一部关于扫黑除恶的电影。"谈起《慈善玩家》

的主要拍摄地深圳龙岗，郭建林显得非常自豪。他在龙岗奋斗拼搏多年，早就将这里视作自己的第二故乡，对其有着非常深厚的情感。作为龙岗制作的本土电影，《慈善玩家》的主创人员与演员都来自龙岗，拍摄地也主要是在龙岗大道旁的黄龙塘城中村。如今这座城中村已成为城市更新项目，原有的一栋栋农民房已消失不见，但它曾经的样貌却被郭建林用电影镜头完整记录了下来。此外，电影中还出现了龙岗中心医院、地铁三号线、大运软件小镇等龙岗观众熟悉的场景。

除了记录龙岗场景，郭建林还关注龙岗区人民的生活，热衷于记录他们的点点滴滴。因为喜爱打羽毛球，郭建林结识了不少球友，他们中的大部分都是龙岗义工，郭建林后来就以他们为原型，写了一部有关龙岗义工的剧本。谈及这件事，郭建林说："创作来源于生活，对生活的体会越深刻，才越有可能写出好的剧本。我的龙岗义工朋友们都有各自的口头禅，遇到事情也各有不同的反应，以他们做义工的真实经历为原型创作出来的剧本，才是最能打动观众的。"

除此以外，作为多家公司创始人的郭建林，还任职了龙岗区新联会理事、横岗商会理事、横岗工商联执行委员、横岗新联会理事。他积极组织并参与商会活动，并为龙岗区横岗街道创作商会会歌《横岗，我的爱》。这首由郭建林填词作曲的商会会歌，旋律悠扬悦耳，歌词简约质朴，生动描绘出了横岗商人砥砺创新、勇于奋斗、开拓进取的精神。郭建林希望商会成员在这首歌曲的激励下，能够紧密团结，互相帮助，为横岗的发展与深圳的繁荣，做出更大的贡献。

## 乐于奉献，将爱心播撒社会

"做好人，行善事。"在影视行业深耕细作的郭建林乐于奉献，始终把承担社会责任放在首位。新冠疫情期间，郭建林每天看着电视里的新闻，听着一个个奋战在一线的普通人的故事，内心深受感动，于是他写下了原创抗疫暖心歌曲《春暖花开时》，并将抗疫过程中涌现的感人故事，制作为 MV 素材，向人们传递一个又一个的温暖。

"我觉得我们影视企业，在社会上存在的一个最大功能，就应该是记录这个时代，反映我们的现实生活，我们就是要写这样的关于小人物的故事，他也是有家国情怀的，正因为如此，他也能成为真正的英雄，就是这样无数个平凡的英雄汇聚起来，成就了这一件件大事。"郭建林说道。

此外，郭建林响应党的号召，还积极投身乡村振兴事业。2021年，革命老区江西赣南的脐橙迎来一个丰产年。于是，郭建林率领公司党支部，发起赣南脐橙果树认养活动，通过有偿认养一棵或数棵江西省定南县龙塘半天山农民专业合作社栽植的脐橙果树，助力果农销售。认养果树款项的5%用于在当地开展资助公益活动，其余全部返回果农，使之成为果农种植户的收入。这一活动带动了当地脐橙销量，促进果农增收致富，并获得了社会各界的热烈响应。

用镜头刻写时代，将爱心播撒社会。"影视匠师"郭建林引领公司，一边积极投身公益实践，一边在影视创作的道路上砥砺前行。他始终坚持"内容为王"的创作理念，追求鲜明独特的作品风格，致力于打造独树一帜的影视作品。随着当前中国影视进入高质量发展的全新阶段，郭建林将继续拾梦而行，用匠心打磨作品，将中国故事讲得更好，传得更远！

# 麦耀劲：从"三尺讲台"走向"商业舞台"

麦耀劲，广西师范大学政治系1992级校友，现任广东莞信律师事务所高级合规师，东莞市莞信科技信息有限公司、东莞市莞信知识产权代理有限公司总经理，东莞校友会会长，为众多公司提供法律服务。

**人生格言** 生命不息，奋斗不止。

从"三尺讲台"走到"商业舞台"，麦耀劲足足花费了十余年。一路走来，他始终保持着学习的热情，秉承着认真踏实的学习态度，从不抱怨环境和命运，反而借势而为，将自己的优势不断放大，从无到有，一步一步，先后在东莞市当地掌管多家与法律服务、企业服务相关的知名企业。

如今，麦耀劲担任东莞市莞信律师事务所主任、莞信科技信息有限公司与东莞市莞信知识产权代理有限公司总经理等职务，主要从事法律及企业合规管理、政府科技项目申报、知识产权代理等工作。他的公司培养了一批又一批优秀的行业从业者，为东莞当地多家知名大型企业提供公司治理、企业合规等法律服务，及时防范企业经营中存在的法律风险，为公司的发展保驾护航。这些成绩，都与麦耀劲的努力分不开。

## 一路求学少年郎

大学时代，麦耀劲就读于广西师范大学政治系思政教育专业专科。毕业后经分配，在南宁市第五十六高级中学（原广西明阳农垦高中）教高中政治。

麦耀劲一干就是12年，这期间他以教书育人为己任，努力耕耘，其教学能力被广泛认可。当时的他，以为凭借自己优异的教学成绩，可以从南宁这所郊区学校调到市区学校任教。但天不从人愿，由于学历限制等诸多因素，多次努力未果。

专科起点的麦耀劲在认识到自己的不足后，决定重整旗鼓，在学历上实现突破。从函授本科开始，经历无数个日夜拼搏，他一边教书一边看书一边备考，英语成绩从20分到40分，再到59分……历经4年的努力，他终于在2006年考上了广西师范大学政治与行政学院伦理学专业研究生，当时他36岁。

麦耀劲完成了从专科生到本科生再到研究生的蜕变，一路的求学之路并没有磨灭他奋斗的初衷。他以咬定青山不放松的执着奋力实现既定目标，始终保持埋头苦干、勇毅前行的精神状态。

## 机缘巧合与法遇

研究生毕业后，麦耀劲本想继续从事教师行业，但他发现，三年的读研生活让他脱离了思政教学的大队伍，不仅在教学方面，在对教材理解方面也跟不上那些一直在职教学的从业者，所以即使取得了研究生学历，也没有那么多优势，而且那时的研究生已经越来越多，变得不再稀有。

找不到学校，不知前路的麦耀劲懵懵懂懂地来到了家人创办的广东莞信律师事务所。起初这一年，麦耀劲做过助理、行政、管理等各种岗位，从事务性工作到团队管理，他渐渐地意识到，要想深耕一个行业，必须先了解行业的专业知识。于是他趁热打铁，花费两年时间准备司法考试。备考期间，麦耀劲加深了对于律师行业的认识，也学习到了更多有关法律法规的专业知识，即使最后他并没有通过司法考试，但这两年的学习生涯，为麦耀劲埋下了"法律"的种子。随后，在麦耀劲和家人的共同努力下，他们以律师事务所为平台向外拓展，三年间办了两家新公司，分别是东莞市莞信知识产权代理有限公司和东莞市莞信企业管理咨询服务公司（现更名为东莞市莞信科技信息有限公司）。

从思政老师到律所团队管理人和企业负责人，谈及职业的转变，麦耀劲说这一切都离不开一个字——"学"。从法律知识到知识产权，从"贯标"到"金税四期"，一个个专业名词，一门门专业知识，都难不倒执着踏实学习的麦耀劲。麦耀劲说，当他踏足知识产权这一领域后，就从"贯标"开始学，去到很多地方参加培训，半个中国都去过了，一半旅游，一半培训，就是他的生活。麦耀劲笑道，他这一辈子就是折腾，很多东西从不懂到懂，靠的就是慢慢去学，结合自身条件认清形势，认真踏实地做事情，那就没有一件事是做不成的。

学习，是麦耀劲永远不变的课题，也正是这种精神和人生态度，让他从教师转变成了企业管理者。

## 借势而为博事业

谈及事业发展，麦耀劲表示，简单来说就是满怀坚定信心，铆足发展干劲，在把握政策发展大势下顺势而为。

麦耀劲借助广东莞信律师事务所为平台起点，结合自身优势，重视国家政策的发布和更新，研发了一系列服务类法律项目，项目涵盖法律专项服务、企业管理、知识产权代理、高新科技项目申报等诸多领域，为企业普及法律知识和开展相应服务的同时，他也收获了一批又一批优质的客源。

说到公司现状，麦耀劲介绍，公司内部细分业务部、项目部、拓展部等部门，员工们各司其职又高效协同，向着一致的目标努力，旨在服务好客户，为客户提供优质服务的同时，满足客户不同阶段的需求。

如今，麦耀劲的公司客户不仅遍布东莞，也和当地的园区、管委会、商会、行业协会等保持了良好的合作关系，同时还有着武汉等多个省外地区的客户。此外，还有近 20 家像东莞市当地的宇瞳光学科技股份有限公司这样合作了数十年的老客户，客户黏性强，信任度高。

麦耀劲还表示，他自己不是一个专业的持证法律顾问，但他所做的事，却不是一个法律顾问能做的。他做过法律咨询，又做过公司管理，知道法律和国家政策法规方面的知识，懂得客户真正需要的是什么，所以他能够研发出客户真正需要的企业服务产品。借平台做服务，摸政策懂客户，这就是他成功的秘诀。

麦耀劲的成功当然也离不开他自身的商业敏锐度和勤学苦干。国家重视知识产权，他就学知识产权，再回头教企业做好知识产权保护工作；国家提倡企业合规管理，他就学习合规知识，再回头教企业加强合规管理；国家鼓励企业以更大力度参与科技创新，他就主动帮企业申报科技项目；国家出台财税方面的"金税四期"，他就学金税，教企业避免不合规行为、预防税务风险……桩桩件件，无不印证了他善于站在全局和战略高度，想办法把事办成的行事作风。

回首过往，皆为序章，一路走来，麦耀劲始终走在前面，保持学习的热情态度，善于洞察时机，把握机遇。从"三尺讲台"到"商业舞台"，麦耀劲秉持着"活到老，学到老"的人生态度，将学习作为自己永不改变的旋律。

# 欧毓润：以人为本，勇攀高峰

欧毓润，1992 年就职于广西师范大学出版社，现任广西润之源投资集团有限公司董事长，桂林校友会副会长。润之源投资集团旗下拥有临桂县宏润节能机制砖厂、桂林宏润商业地产有限公司、桂林润之源贸易有限公司等公司。

**人生格言** 没有收拾残局的能力，就不要放纵自己的情绪。

欧毓润是一名优秀企业家，认识他的人更多的是称呼他为"欧哥"，而这一声声"欧哥"，是他驰骋商场多年获得的尊称。在商业往来、日常生活中，与他有过交集的男女老少，了解了他的过往，感受过他的待人接物，都会从心底里更乐意称他一声"欧哥"。

## 一路风雨无阻，始终以人为本

说到"欧哥"这个称呼，就得说说欧毓润的传奇人生。欧毓润从小家里兄弟姐妹多，家庭条件困难，他很早就跟着叔叔一起生活。他希望自己能够早点出来工作补贴家用，所以初中毕业后他就去了能够包分配的中专读书。中专毕业后，18 岁的欧毓润作为一名学徒工来到广西师范大学南宁印刷厂车间工作。当时每月的工资是 30 元，8 小时工作制，车间设有 4 个组，每组有 4 人。

欧毓润每天除了睡觉的那几个小时，其他时间都沉浸在专心研究机器的操作中。车间每个月有例行筛选组合，每个月都要重新排班，他在短短的 3 个月内脱颖而出，4 个组长都抢着要他做自己的学徒。欧毓润当时就跟每个组长提议，每个组长他都跟，一人管 4 台机器。欧毓润就这样经过短短的几个月时间，完全掌握了别人需要花六七年才能熟练的工作。

当时每个工作人员每天还需要抱着一板板 30 多斤的铅字板上下楼，而欧毓润当时体重只有 76 斤，但他不允许自己例外。经过锻炼后，他每次都能抱着 3 捆、120 斤重的铅字板上下楼。他用自己的坚持、刻苦与努力拿到了上千元的月工资，远远超过同事的月收入，即便当年的组长每月工资也才几百元。

后来机缘巧合下，欧毓润来到了广西师范大学在临桂的师大印刷厂，当年的师大印刷厂只有 7 个人，他到来后凭借一人之力改写了师大印刷厂的历史，为师大印刷厂的发展做出了极大的贡献，尤其是在招募和培养员工上。后来印刷厂的员工有 300 多人，而这些员工大部分都是欧毓润招进来并一手培养起来的。

努力拼搏势必能闯出一片属于自己的天空。进入 21 世纪，欧毓润想要去更广阔的天地闯荡一番，他就向师大印刷厂的厂长提出辞职。但当时的厂长舍不得欧毓润，极力挽留他道："我把你现在的职位保留一年，你出去碰了壁就再回来。"而欧毓润在辞职 3 个月后还是告诉厂长："我决定正式离职了。"但是厂长依旧坚持把欧毓润的岗位保留了一年。为此，欧毓润十分感激厂长的情深义重。

## 不断拼搏进取，持续为社会做贡献

"没有收拾残局的能力，就不要放纵自己的情绪。"这是欧毓润在驰骋商界时一直践行的理念。这么多年来，他一直勤勤恳恳、奋勇拼搏，将全部精力投入企业生产经营中。桂林宏润商业地产有限公司也在欧毓润的带领下，锐意进取、开拓创新，很快走上了快速健康发展的道路。此外，欧毓润在促进经济发展、承担社会责任、促进就业、创造生产价值方面成绩显著，为构建和谐社会做出了突出贡献。

欧毓润的公司能够在广西拥有好的声望，离不开政府和社会各界的鼎力相助，更离不开欧毓润以身作则，坚决拥护党的领导，在思想上、政治上、行动上同党中央保持高度一致。

欧毓润在 2015 年 2 月以 100 万元资金创办桂林宏润商业地产有限公司，后续投资总额超过 5000 万元，激情满怀地率领宏润地产公司建立了宏润建材城，为广大人民群众提供方便、快捷、实惠的家具、建材一体的购物环境。

接着他又看准时机创建了宏润节能机制砖厂，制砖厂在他的引领下，通过加强技术进步，大大降低员工劳动强度，从一个默默无闻的小砖厂渐渐变成了桂林地区同行业数一数二的砖厂。公司能够做大做强，跟他的顽强拼搏和永不言败的信念分不开。在"只要有百分之一的希望，就要百分之百的努力"的信念指引下，欧毓润克服了许许多多人们想象不到的困难，一步一个脚印地前进。公司的发展耗费了欧毓润无数的心血，而功夫不负有心人，现如今，他旗下的企业都已长成"参天大树"，并在桂林市场中独树一帜。

欧毓润始终以员工利益为重。他非常重视企业体系运行，持续不断创新改进，同时还积极推行卓越绩效管理模式，从企业战略、人才建设、客户管理等具体方面逐步落实。他还积极组织公司员工开展"三好"工作，从工作好、生活好、身体好三方面入手，打造高素质、高收入、高学历的"三高"人才队伍。在工作方面，欧毓润重点强化员工技能培训，并多次带领员工参观国内外知名企业，参加高等院校的课程培训。

欧毓润凭借吃苦耐劳、刻苦钻研、改革创新等优秀品质，用创业的艰辛书写出了新的篇章。他说起自己的经历总是风轻云淡，说起别人的帮助总是满怀感激，说起未来总是满怀信心。欧毓润凭借着自己的人格魅力不断去吸引身边人，让人折服于他的魅力而心甘情愿唤出一声声"欧哥"。

## 承担社会责任，树立行业典范

欧毓润一直在坚持回馈社会，他积极承担社会责任，主动参与各项公益事业，自觉履行社会责任，以实际行动支持社会公益事业以及各级政府的社会活动。在他担任桂林融媒体发展研究会公益分会会长期间，从扶持贫困农村地区的基础建设、捐资助学、助残救济及慈善事业、赈灾捐款等多方面积极奉献自己的力量。

2019年1月，欧毓润以临桂宏润建材批发部、临桂宏润节能机制砖厂、桂林宏润商业地产有限公司的名义为"精准扶贫爱心企业"万企帮万村精准扶贫项目带头捐款。在宛田瑶族乡开展"万企兴万村"送温暖活动期间，欧毓润表示，走访慰问是开展"万企兴万村"的第一步，接下来他的公司会帮助扶持宛田瑶族乡特色产业发展，并带动更多的爱心企业和爱心人士参与到"万企兴万村"工作中来，联合社会力量共同帮助脱贫户解决难题，助力乡村振兴。

同年3月，欧毓润以桂林宏润商业地产有限公司名义，资助一批初中、高中、大学贫困生每人每月700-1000元，直至其大学毕业。其后，他又接二连三地捐助了十多位贫困生，助他们圆大学梦。更重要的是，他无私奉献、真诚相助，在精神上给予学生们鼓励和鞭策，激励学生们刻苦学习，以自身为例，教育他们在学有所成后，回馈社会。欧毓润在不断创造社会价值的过程中，还在做公益的路上不断践行着。

# 黎祖健：广西房地产界的一匹"黑马"

黎祖健，广西师范大学美术系 1993 级校友，现任广西万福达房地产开发有限公司、百色靖西市万福达房地产分公司等公司的董事长、总经理，开发房产项目总计约 85 万平方米，成为广西房地产界的一匹"黑马"。

**人生格言** 小胜凭智，大胜靠德。

据黎祖健介绍，他出身农村，家里兄弟姐妹多，且有四人读大学，仅靠当老师的父亲每月不高的收入供养，从小生活困苦，上大学时生活费都难以维持。从一个农村娃到今日的房地产界"黑马"，黎祖健是如何从艰难的环境中走上创业的道路，拥有如今的成就？

## 踏入地产界，机遇和挑战并存

进入 21 世纪，中国城镇化步入加速发展阶段，房地产处于蓬勃发展的高峰期，购房需求旺盛，各地也都需要房地产拉动建设和经济。看到这一机遇，黎祖健慎重思索之后便投身地产界开始创业，并于2011年在南宁成立广西万福达房地产开发有限公司。

创业初期，公司仅有十几人，资金和人才也都很有限，因为很多优秀院校的人才找工作首选的都是全国百强企业，而黎祖健的公司只是规模较小的民营企业。面对创业初期的困境，黎祖健并没有退缩，而是一步一个脚印，慢慢壮大公司，最终凭借他的个人能力和眼光，带领团队和公司发展得越来越好。2013年，他在百色靖西市成立万福达房地产分公司，2019年在贺州市昭平县成立万福林房地产公司，2019–2023年在南宁市上林县先后成立万福达房地产、万福荣房地产、宏泊房地产三家子公司……

创业十几年，他的公司先后完成了15万平方米的靖西普罗旺斯楼盘，50万平方米的上林财富中心楼盘、财富幸福里楼盘、财富郡府楼盘，20万平方米的金港城楼盘和金街等项目。特别是三年疫情期间，他在南宁市上林县接连拿下两块地，并按时开发建设交楼。如今，他的企业也从起步时的十多人，发展到现在拥有近10家分公司、子公司，约200多名员工的大企业。由于工程质量和楼盘品质在当地口碑较好，他开发的项目还获得了市级、区级优质结构奖，这对于一个民营企业来说实属不易。

黎祖健深知创业难，守业更难。然而他敢为人先，以出众的能力和敏锐眼光，带出有很强的凝聚力和创造力的团队，这些都是公司得以稳定发展的基础。近五年来，他将跟随他多年的得力骨干员工变成了合作人，既解决了人才问题，又解决了部分资金问题，这就是他常说的"变则通，通则行"。

十几年如一日的兢兢业业，黎祖健做到了勇于拼搏、不断进取，这些也是他获得成功的关键。谈到创业，黎祖健认为，领导者的能力和格局、团队的凝聚力和战斗力是至关重要的，另外，下定决心要创业，就不能害怕困难，要越挫越勇，要认识到攀上高峰必然要经历攀登的磨难。说起成就，他谦虚地表示，这是自己和团队每个成员共同拥有的，且更大的成就在未来，他会带领团队继续前进，开拓进取。

## 母校光辉，照亮前行的道路

说到创业成功的原因，黎祖健首先表示："在广西师大学习的几年，不但让我的专业知识得到了全面提升，而且与同学、老师、社会人士等都建立了良好的人际关系，这对我进入地产业提供了很大的支持与帮助。大学的采风和社团活动，让我积累了丰富的社会经验，为毕业后快速融入社会奠定了良好基础。"

为何说到创业成功，黎祖健首先想到的是母校？因为母校对他来说很难忘，也很温暖，其中最让他难忘的是何平静和杨照老师。黎祖健坦言："当时家庭收入低，几兄妹每个月的生活费基本很难维持到月底。何平静老师知道情况后，觉得我平面设计做得不错，于是经常介绍我课余去社会上接一些设计单来做。特别是在毕业那个暑假，留校等待毕业分配时，连续两个月身无分文，吃饭都成问题。何老师见状，介绍了一单师大饲料厂的海报让我设计，最后被采用，拿到了 500 元设计费。我分了一半给一起合作的一个同学，两人凭着 500 元报酬共同度过了最难熬的时光。杨照老师是我专业上的恩师，生活上则更像母亲一般。她知道我当时的家庭状况后，经常在周末买好菜，邀请我和班上几个学习好、家庭不那么富裕的同学，一起去她家改善伙食。她还帮我联系了校外的中学生，让我利用课余时间做家教，既帮我解决了生活上的困境，也锻炼了我的美术教学。我很感谢杨照老师。"

学习上最令他难忘的是他的年级主任何小明老师。何老师针对他们 93 级 71 个艺术生的特点，因材施教，因此，在师大 70、80、90 周年校庆时，他们年级大部分人都回去看望曾经的恩师，并捐款支持母校的发展，感恩老师当年的教诲和母校的培养。

"他们不仅仅是我人生中的良师益友，更像是茫茫大海中的一座灯塔，指引了我的人生方向。"黎祖健用这句话来形容母校的老师。

正是这些点滴的经历，让他有了创业的信心。对于创业之路，黎祖健更多想表达的是，企业和自己是相互成就的关系，自己的能力、决策令公司发展壮大，而公司在发展壮大的同时也需要更高的能力去支撑它，而领导者想要公司继续成长，只能不断提高自己的能力。因此对于公司的壮大，黎祖健更注重的是自身的成长以及人生阅历的丰富。

## 回报母校，回报社会

对于一个白手起家，从农村、从师大走出来的企业家，能拥有今天的成就，除了机遇和能力外，更多的是黎祖健的为人处世赢得了合作者的信赖，这正是他所信奉的"小胜凭智，大胜靠德"之"德"的体现。近年来，黎祖健个人先后资助桂林、上林约 10 个特困生，其中部分人已考上高中和重点大学。黎祖健的企业还捐赠当地政府旅游节和抗疫近 60 万元。在师大 90 周年校庆时，曾在校获得过伍纯道奖学金的他，捐赠美术学院 30 万元设立祖健奖学基金，用于勉励优秀学生和贫困生。

优秀的人总是会与时俱进，于时代的变化中不断更新自己的思想和决策。对于房地产行业，黎祖健认为，地产界已由增量时代转入存量时代，疫情三年大洗牌的格局已开启，靠高效建设快速回款的地产时代已过去，市场细分更明确，行业专业度和团队凝聚力、执行力、创造力则是如今企业立于市场不败的制胜法宝。

因此，对于未来，黎祖健将领导自己的团队继续乘风破浪，以奋斗者的姿态砥砺前行，开启新征程！

# 伍晓明：爱国爱乡的 民间办学"逐梦人"

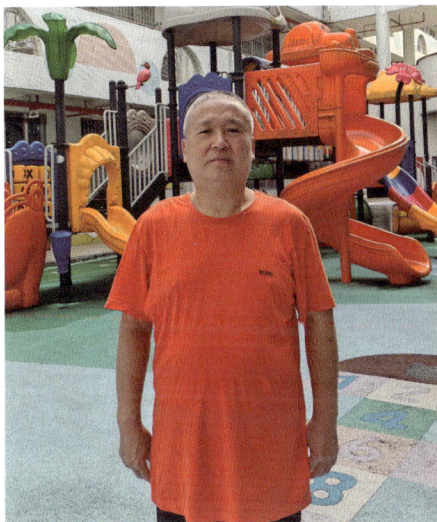

伍晓明，广西师范大学政治系工商管理专业1992级校友，曾创办台山华尔佳大酒店，现任广东省台山市蓓蕾幼教集团董事长。他以对教育的耕耘奉献和赤子之心先后获得台山市人民政府颁发的"振兴台山贡献奖""台山市十大杰出青年"等荣誉称号。

**人生格言** *面对困难，不怕困难，挑战困难，克服困难。*

　　地处珠三角西南的广东省江门市台山市，是著名的"中国第一侨乡"，目前，仍有近200万祖籍台山的华侨在异国他乡谋生、拼搏，并带着浓厚的乡土情结，时刻不忘反哺自己的家乡。位于台山端芬镇的海口埠，更有"广府人出洋第一港"的称谓，见证了19世纪中期起，五邑地区的无数华侨从这里登船出发，经广海湾等地到达香港，再横渡太平洋去异国的拼搏历史。20世纪70年代，伍晓明便在这座华侨之乡出生、成长，如今年过半百，他的梦想，便是为家乡的教育事业、为当地华侨子女的成长贡献自己的一份力量。

## 不甘平凡，坚持拼搏闯荡的创业者

1994 年，毕业于广西师范大学工商管理专业的伍晓明，被分配到台山市物资局下属机电公司的摩托车销售子公司，从事摩托车方面的业务工作。作为当时被引进的大学生后备人才之一，在单位近三年的时间里，他不仅努力做好了摩托车的对外销售工作，还本着"做专、做精"的想法，利用单位培训的机会和个人时间在维修站实践自学，又学会了摩托车维修方面的一整套技术，成为一名非常专业的技术型业务人才。

"我的父母就是做生意的，我自小就会帮家里卖东西，可能受成长经历的影响，对市场有一些自己的看法和敏感性，看到机会我就想干出点事情来。"当时中国的经济正处于计划经济向市场经济转型的阶段，广东省又是首个实行这一转型的地区，在单位已经卓有成就的伍晓明敏锐地察觉到，原本具有市场资源的国有单位将会受到很大的冲击，市场经济转型下大量民营企业的入局，使得国有单位不再具有优势。1996 年 10 月，他决定从单位辞职，出来和爱人一起创业开办了第一家摩托车行。"原来在单位我卖的是两轮摩托车，后来自己干就选择卖'边三轮'，就是那种带斗的三轮摩托车。"之所以会选择边三轮，伍晓明认为在当时大众创业市场经济的浪潮下，会涌现大量的个体户和创业者，"边三轮"实用性很强，不仅可以拉人，也可以拉货，相比两轮摩托车更适合当时的市场需求。

利用之前学习的摩托车维修技术，伍晓明的车行推出了"24小时维修服务"。"你在国营单位买车，如果晚上车坏了是没办法马上修理的，但是我可以。"他说道，"个体创业者整天在外面跑，工作量大、里程高，维修需求是很强的，不管什么时间车坏了，哪怕是夜里，只要客户找到我，我马上就能上门给他们维修好。"凭借这一过硬的服务品质和肯吃苦的奋斗精神，伍晓明的车行逐步积累了大量的好口碑，五年时间扩大到 6 家，成为当地最大的车行之一，他也赚到了人生中的第一桶金。

进入 21 世纪后，伍晓明一方面投身澳门回归后的投资建设，另一方面他又确立了"为返乡华侨服务、为华侨家属服务"的定位。据他介绍，每年各大传统节日，台山当地都会有大量华侨返乡，当时台山没有高端型的酒店，只有旅店、招待所，他就想开一家酒店专门为返乡华侨服务，于是便开办了当时台山最大的综合性高端酒店——华尔佳大酒店。此后，他还开办了民办养老院以及幼儿园，在创业的道路上逐步发展壮大的同时，他也开始投身教育事业的人生新里程。

## 不忘初心，情系家乡教育的筑路人

"广西师范大学对我人生的影响是最大的，也是唯一的，没有学校的培养，就没有现在的我。因此赚到钱后，我就想做一些有价值的事情去回馈社会和家乡，而我认为教育就是最重要、最有意义的事情，这是学校带给我并且保留至今的一种情怀！"进入 21 世纪，台山已有超过 150 万的华侨，然而大部分华侨出去打拼，子女都是放在老家的，父母不在身边，孩子的成长和教育成为一个很大的问题。2001 年起，伍晓明在当地创办了蓓蕾幼儿园，这也是当时台山第一家民办幼儿园。

"幼儿园想赚钱是很容易的事情，但是我开幼儿园的目的不是赚钱，我花了很多精力和金钱去打造好的教育环境，也花了不少钱在幼儿园老师的培养上。"伍晓明坦言，幼儿园从创办起的前 8 年都是亏本运营，依靠别的产业资金在填补维持，但是他仍然坚持下来，之后还扩大到 4 家幼儿园，就是为了让出去打拼的家乡华侨可以放心地把孩子送到他的幼儿园。为了给这些孩子尽可能好的教育，每个班都超额配备了师资，正常一个班只需要 2 名老师，蓓蕾幼儿园的一个班却配备了 3—4 名老师，就是为了更好地照顾到孩子。同时，他和母校广西师范大学开展合作，每年吸收教育学院学前教育专业的毕业生到蓓蕾幼儿园担任实习和正式老师，不仅给予老师远高于当时当地工资水平的待遇，还管吃管住，同时还给老师们提供深造培训的机会。

"对于这件事，我投入了非常大的感情，不仅希望给家乡这些留守孩子带来更好更正规的教育，同时也希望为母校做一些事情，所以我不仅愿意把更多的老师带进来，我还愿意给好的待遇，希望他们能留下来，给家乡这些孩子一个稳定的成长环境。"创办至今，伍晓明的蓓蕾幼儿园先后吸收了超过 200 名广西师范大学学前教育专业的毕业生，目前 4 家幼儿园也维持着 1000 多名幼儿就读的规模。

孩子从幼儿园毕业之后怎么办？想到这个问题，伍晓明决定在办学这条道路上继续走下去。近几年来，伍晓明筹备了一所涵盖小学、初中、高中的民办学校，名为五星实验学校，各项手续和准备工作都已经完成，目前已经进入筹建期。当地华侨子女的教育需求十分旺盛，父母都希望自己的孩子留在家乡，能在当地安心求学。因此他衷心地希望，能给台山的这些孩子带来的，是从小到大连续的、正规的教育经历。

"书声琅琅，翰墨飘香，知书达理，学有所长。"伍晓明的"办学梦"远不止于此，他甚至把台山华侨子女的成长足迹从 3 岁足足规划到了 20 多岁，这就是他的"民办大学梦"。

"我的事业与家庭均与广西师大的培养和老师的言传身教息息相关，他们不仅教会我知识，也教给我爱国、爱乡的深深情怀。"说到动情处，他激昂地表示，"师大帮助我树立了远大的志向和目标，指引了我的思想，培养了我的人格，由此可见一个好的大学教育是极其重要的。"为此，他又萌发了开办台山第一所民办华侨子女大学的念头，"我觉得这些孩子应该留在祖国、留在家乡读大学，让他们先接受正统的中国文化教育和爱国爱乡的思想教育。"

伍晓明认为，这些娃娃的家庭或多或少都会受到西方文化的影响，但是要让他们知道自己首先是中国人，应该先学习中国的文化，要热爱自己的祖国和家乡，要知道自己的根在哪里，这就是他想开办大学的初衷所在。只有先学好中国的文化和知识，才能带着一颗"中国心"去了解国外的知识，去其糟粕、取其精华，最终学成后能够想着建设国家、反哺家乡。"我们这批老一辈的台山人都爱自己的国家和家乡，也希望我们的孩子爱国爱乡，会讲中国话，会讲台山话，而不是被西方化。"

## 以身作则，严格要求子女的为父者

三十年弹指一挥间，当年 20 出头闯荡市场的豪情小伙，如今已过天命之年。"这么多年来，我始终保持着一个良好的个人习惯，那就是坚持每天看新闻，关注研究国家和当地的政策与动向。"伍晓明十分感慨，无论是当初市场经济的开放、万众创业的大潮，还是国家经济开放、华侨返乡探亲旅游的风口，又或是决定投身教育事业时对当地需求和前景的了解，他三十年来的发展，均得益于此。他认为，一个人要想发展好，不仅自己要有敏锐的嗅觉和长远的眼光，更重要的是一定要紧跟国家的时势，怀有一颗坚定的心投身其中。

不仅如此，年过五十的伍晓明还有继续学习深造的计划，随着办学规模的扩大，他对自己的眼界和学识也提出了更高的要求。

"我都是办学校的人了，吸引来的都是全国各地的高端人才，最起码都是博士起步，我自己也得跟得上，将来说话才有底气嘛。"伍晓明打趣道。目前，在管理企业和学校之余，他正在努力学习，争取明年能够考上澳门城市大学的教育学硕士研究生，未来还希望能继续攻读教育学博士。

除了对自己保持严格的高标准，伍晓明对儿子的要求也非常之高，除了正统的爱国与思想教育外，他同样要求儿子培养和坚持正确的奋斗习惯，对自己的未来要有明确的目标和规划。儿子本硕分别读的是经济学和教育学，目前也已注册了澳门城市大学教育学博士，未来还将争取考读国内知名学府的双博士学位。"读完博士，他还要做博士后，在教育经济学方面深造，把办教育相关的都学一遍。"伍晓明说，"我希望儿子力争成为中国顶尖的教育领域的人才，他将来是要继续搞教育、办学校的，他自己首先要成为教育和管理专家，如果不懂教育、不向教育界的优秀人才学习，还怎么管学校，怎么带领老师做更好的教育，培养出更好的台山子女？绝对不能误人子弟！"

"教书育人是一件极其有意义和价值的事情，也是一件造福家乡的功德。"伍晓明在家乡的辛勤耕耘，也得到了当地政府的高度认可，他先后获得了台山市人民政府颁发的"台山市十大杰出青年""台山市劳动模范""振兴台山贡献奖""台山市尊师重教先进个人"等荣誉称号及奖项，其中"振兴台山贡献奖"是当地为杰出贡献人物授予的最高荣誉。

在广西师范大学求学时埋下的种子，历经闯荡的风华岁月，积淀、发芽、生长，在伍晓明的潜心"灌溉"下，如今已经长成了参天大树。身为江门侨界青年联合会副会长、台山市蓓蕾幼教集团董事长的伍晓明不仅为台山子弟铺就了一条带有浓厚乡情的成长求学路，种下了一棵结有硕果的育人大树，也亲自为这"一路""一树"，培养了下一代的"筑路人"与"园丁"。相信在不远的将来，在台山人的见证下，年轻一代将接过老一辈造福家乡的办学梦，继续向前！

# 詹振宇：在流金岁月中书写奋斗故事

詹振宇，广西师范大学物理系 1993 级校友，现任北海市金洋矿业有限公司总经理。他做过基层的技术员、助理工程师，在国企改革浪潮中转行跨业做外贸，从"菜鸟"变成外贸行家，他以执着信念和不悔初心书写岁月之歌。

**人生格言** 对人以诚信，人不欺我；对事以诚信，事无不成。

"对人以诚信，人不欺我"是詹振宇为人处世之道；"对事以诚信，事无不成"是他行动的指南。他相信，即使是平凡的岗位，都能做出不平凡的成绩。

回首过往，詹振宇表示，他最美好的青春时光在母校度过，作为广西师范大学的一分子，他在这里得到了关爱，感受了温暖。

## 在广西师大的日子里

离开母校已经近三十年了，但是再次谈起广西师范大学的时候，詹振宇还是能想起许多美好的时光。他记得 1993 年 9 月，在那个还不算特别凉爽的季节里，他正式进入广西师大的物理系，踏上了全新的求学之路。

勤学淬炼，绘就青春底色。大学期间，詹振宇时常保持着自觉学、主动学的状态。孜孜不倦地从专业知识中汲取营养，让他在专业学习上越来越得心应手。回想起来，他在学习上偶尔也会遇到难题，"那个时候，有一门课叫 C 语言，那个课很难，还好当时老师在考试前给了我们很多复习资料，我才能考过"。老师们的帮助，给了詹振宇很大的触动，让他得以调整好自己的状态，积极面对学习上的一切挑战，他的成绩因而一直位于班级前列。

不仅是学习上的能力突出，在与同学相处的时候，他也能关注到同学的困难，并尽自己所能，给每个需要帮助的人以帮助。"有一个女同学，家里困难，交上学费都不容易，更别提吃饭了。后来她身体不好，经常晕倒。我记得当时吃饭用的是饭票、菜票，我一看她这个情况，就把自己的饭票给她了。"他也坦言，自己家里并不富裕，生活也拮据，学校虽然每个月补助饭票，但其实是不够的，能吃饱饭很不容易。"那没办法啊，省吃俭用嘛，再呼吁其他同学一起帮助她，总是能渡过难关的！"因此詹振宇总是以这样的热心去帮助同学，获得了许多同学的称赞，这也让他的校园生活更加多姿多彩。

## 在工作的那段时光里

詹振宇明白，社会是一门体系复杂、内容丰富的学科，一辈子都读不完，需要不断在实践中学习、思考、消化、使用，再学习、再思考，循环往复，才能让自己融入环境、适应环境，才能使自己不断成长。

毕业时，詹振宇本可以分配到母校教书，但是他认为自己的知识更应该运用到其他工作中去，所以他没有选择留校，而是选择到桂林铁合金总厂工作。在那里的八年时光，他先后担任技术员、助理工程师、经理等多个职务。2000 年，詹振宇加入了中国共产党。他表示，一个党员就是一面旗帜，自己始终没有忘记入党誓词，没有忘记为人民服务的初心。

"2002年，有一个小曲折，企业改制了。我当时听从上级的安排，但也因为其他一些原因，我没有再去做与专业相关的工作，而是选择去做外贸了。"之后，詹振宇一直走在外贸的道路上。他在桂林市康密劳铁合金有限公司工作了14年，历任采购部部长、销售部部长、进出口公司总经理、经营副总经理等职。他表示，初期做外贸时，工作不会做，还好有一个师兄带着，慢慢熟悉了业务。"当时，外贸的很多事情，需要自己去和海关等各方不断协商才能推动下去。现在想想，也算是为外贸行业的流程完善做了贡献。"他开玩笑道。

隔行如隔山，专业知识与工作岗位不对口是詹振宇工作中的一大难关，但他不断挑战自我、攻坚克难，最终交出了一份令公司、领导和同事都满意的答卷。詹振宇表示，自己一路走来似乎都很顺遂，其实背后隐藏着许多看不见的辛苦与付出。先是放弃了教书育人的稳定工作，进入了与自己专业相关的工作；随后又选择加入完全没有经验的外贸行业，从此一头扎入外贸工作中去，一路摸爬滚打多年，才从职场"菜鸟"成为外贸行家。

## 从校园到工作一路向阳

詹振宇谦逊地说："我在大学里就是一个很平凡的存在。"其实，上学期间，他性格健谈，因此能快速和同学们打成一片，他回忆道："当时自己一腔热血，和班里的同学一合计，就给班里办了个《共促》的班报。'共促'就是共同促进的意思。当时没有几个班去搞班报的。"他的组织能力在校园中崭露锋芒，他忆起，"当时学校组织校运会，我们物理系的同学学习确实不错，但是在操场上却没什么好的成绩。我就调动大家的积极性，让大家都参加。"

校园的生活，将他塑造成意气风发的少年，但在后来工作的时候，经历了许多社会的磨砺，他渐渐明白，一山更比一山高，需要收敛脾性才能走得更远。在外人的眼里，他开始变得成熟稳重，值得依靠，让大家相信，把事情交给他，都能够妥善完成。但其实他外向的性格依旧没变，因为外贸工作意味着他需要和很多人打交道，爽朗爱笑的性子为他的事业提供了不小的助力。

　　无论是在校园还是工作中，詹振宇总是离不开与人打交道，他一直以阳光、积极、向上的状态去面对各式各样的人。他与人交流就如同凉爽的风，沁人心脾。而面对人生路途上的风雨，他一路前行，一路向阳，用明媚的心照亮黑夜，用努力的汗水去洗刷迷茫。他明白，只有迎着风雨，不畏艰险，不断奋斗，才能超越自我。

# 李健：在"意想不到"中<br>走出自己的精彩人生

李健，广西师范大学物理与电子科学系 1993 级校友，现任浙江奥德赛电器有限公司、杭州漓杭记餐饮管理有限公司董事长，广西师范大学浙江校友会会长。曾经是军人的他敢想敢拼，从部队到商海，以独到眼光和坚韧毅力打拼出一片天地。

**人生格言**　低调务实，拒绝显摆。

## 弃文从军，从教师变为军人的人生转折

1997 年，即将从广西师范大学毕业的李健，因为父母都在柳州居住生活，便签约了柳州的一所学校，等待毕业后就到该校担任教师。不过那时的他还不知道，不久后自己将转变身份，成为一名军人。

说起自己当年的从军历程，李健感慨万千。他回忆道："原先的部队军官基本都是军校毕业，时任国家主席江泽民推行了一

项政策，由部队到地方大学招一批具有综合文化素养的军官干部，以丰富和充实部队军官的文化结构。这个政策大约从1997年延续到2001年，也是后来'国防生'的前身。于是1997年2-3月，我们广西当地的部队就来到师大招人。"李健原本就出生在一个军人世家，爷爷辈的兄弟几个、父亲和其兄弟姊妹都是军人，家族中一直都有着"保家卫国、为国效力"的思想情怀和革命传统，"一听说部队来招人，我第一个就去报名了，家里也非常支持"。

　　"用现在流行的话说，就是'万万没想到''纯属意外'。"李健抱着一腔热情和试试看的心态报了名，没想到就被选中了，之后便走进军校踏上了部队的训练历程，从那时开始，他脱下便服穿上了军装，成为一名英勇的解放军战士。李健那一批总共有120名大学生，来自全国各地，其中大部分都来自国内的名牌大学，不愿落后于人的他鼓起了努力拼搏的勇气和决心。"以前在大学里1000米考试都觉得累，更别说5000米跑，想都不敢想。参军后训练，没想到5000米跑还能名列前茅，作为广西人，我就很自豪。其他训练成绩如射击、武装越野、单双杠这些也很优秀，甚至比一些从部队上军校深造的战友成绩还要好一些，大家经常会在一起比试交流。"身负家中长辈的期望，加上个人不服输的劲头，李健很快脱颖而出，成为一名优秀的军人苗子，训练结束后，下到连队担任排长。

## 一腔热血，为军人子弟教育奔走奉献

　　"我一直比较喜欢写作，在部队里用业余时间写文章、搞节目排练，逐渐在师里面小有名气。"在连队担任两年排长后，李健被调到部队机关开展工作，先后在政治部干部科、干部处任职。快速适应后，李健凭借自己的努力逐步崭露头角，后来还荣获了集体三等功。

　　说到令人印象深刻和特别有意义的一段经历，当属他负责部队子女教育改革的工作期间。由于军人的特殊性，很多军属和孩子经常会跟着异地调动，孩子的成长和教育是一个大难题。首长看到李健突出的工作能力，加上又是师范学校出身，便安排他负责军人子女幼儿园教育的改革工作。李健所在部队的军属幼儿园，原先都没有真正意义上的教师，更别提针对孩子成长的教育课程和习惯培养体系了。"以前幼儿园的老师其实就是军嫂，文化水平参差不齐，甚至小学都没毕业。说白了就是看着孩子，也没什么课上。孩子在里面得不到什么教育，甚至我们看来正常的一些个人生活习惯都没有培养起来。"面对这样"一穷二白"的局面，李健说干就干。"战友在部队流血流汗，我们应该照顾好他们的下一代。"李健动情地说道。

教育改革的第一步就是组建符合要求的师资队伍，原有人员的裁撤是一个大难题。原先幼儿园里安置的都是师里各部队的军嫂，几乎都没有幼儿园老师的资质和条件，要想改革为一个承载教育培养职责的幼儿园，这批军嫂首先就要"下岗"。这时，师副政委站了出来："我的老婆不符合条件，第一个下岗。"首长率先以身作则，用行动给了李健最大的支持，让他十分感动。

那么，专业的幼儿教育师资从哪里来呢？为此，李健想到了去母校"挖人"，他专门联系了广西师范大学，到学校教育学院的幼儿教育专业去挑选即将毕业的大学生，邀请她们去军属幼儿园。"要感谢母校对部队、对我的支持，为我们提供了一批优秀的幼儿教育师资。"此外，还有当时的广西教育学院、广西幼师学校、衡阳幼师学校等，李健一所所学校去联络和跑动，为部队子女找来了初步符合条件的大学毕业生教师，再到部队参加统一的面试、教学演示，最终选出了一批教学优秀并愿意在部队幼儿园扎根的光荣的幼儿教师。老师们工作的地方离家都有二三十千米，当时的交通条件也不是很发达。为了方便老师的生活，部队专门为她们提供了教师宿舍，老师们平日里就住在部队里，周末回家。"当时还有一个没想到的，搞教育改革最后也为一些战友解决了个人问题，招过来的年轻老师不少后来成了军嫂。"李健笑道。

从师资、教学体系，到教学管理制度等，李健一步步将新的军属幼儿园建立了起来。在师里面的幼儿园教育改革工作获得成功后，他进一步负责整个集团军的相关工作，并在实践中积累出一整套的工作体系和工作经验。此后，李健专门总结出 90 多页的经验材料，得到了集团军首长的认可，并把这项教育改革工作扩大到全军区进行推广，收到很好的效果，别的军和师也纷纷组织代表到李健所在的部队参观学习。"这是我人生中最有成就感的经历之一，能够让更多的战友子女得到正规的教育和良好的成长环境，我感到非常自豪。"

## 不甘寂寞，投身商海闯出一片天地

2005 年，李健从部队转业，到桂林市财政局人事教育科担任副主任科员，当时也没有想到自己会创业。但仅仅干了不到两年，不甘寂寞的李健就"放"下了让旁人羡慕不已的"铁饭碗"，毅然投身商海，开始了他的创业之路。"当时就是觉得每天过得没什么意思，自己就想闯一闯，去做有些挑战的事情。"李健回忆道，"我就不是一个特别安分的人，以前上学的时候就有一些做生意的头脑，利用业余时间在电影院、少年宫、漓江游船等地方谈低价的包场，然后在学校里开展宣传，再以比市场价优惠的价格出售给同学。"此外，李健上学期间除了完成学业之外，也参与了很多学生会相关的社会实践工作和勤工俭学，老师也给了很多的指导，这些都为他后来创业奠定了扎实的实践基础，对此他也十分感谢广西师大对他的帮助。

2006 年，李健无意中从战友处听说市面上出现了一种新的油烟机，叫集成灶，跟老的灶台及油烟机结构完全不一样。他便到市场上去调研考察了一番，发现确实如此，当时就觉得这个新的东西是有发展前景的，便马上联系到集成灶的厂家，成为他们的代理商。他仅仅用 14 天就完成了从洽谈到门店整备开业的过程，在柳州开设了第一家门店。第一家店的销售额很不错，很快就开了第二家店，之后陆陆续续扩大规模，一年多的时间里总共开了16 家门店。"在我代理的地区还发展了下一级的代理商，当时我的销量已经占了整个广西的一半。"李健的迅速发展吸引了更多品牌的厂家，他一跃成为这几家集成灶在广西的总代理。"听起来好像很容易，当时也是自己用腿一家家跑出来，一次次用嘴皮子磨下来的，4个月的时间，我一个人跑出来50多个下级代理商。其中一个牌子的产品，当时我一个人的销量比他们全国销量的一半还多。"

那么，李健又如何从一个销售起家发展迅速的代理商，要去办厂了呢？谈到此处，他又笑了起来："我之前真的做梦也没想到要去办厂，真的是万万没想到。"2007年，李健遇到过一次波折，其中四川的一家合作商家在他付了货款三个月后都没有发货，他通过物流最终查到产品实际生产发货地却是浙江的厂家，原因是四川的商家已经欠了半年的款。他便和厂家直接谈了全国总代理合作，合作了一段时间后该厂家却绕过他直接和客户建立了联系，为此他特别气愤。"当时我在业内已经打响了名头，其他很多厂商知道我在销售和渠道方面很有一套，都找过来想谈总代理，经过这个事后我都拒绝了。"

这时巧合的是，其中一个厂家的老板主动和李健提出，邀请他入股。厂家有地皮有厂房，就是苦于没有足够的销路，李健的加入恰好补齐了这一短板，双方合股后那家厂便成了绍兴奥德赛电器有限公司，李健成为企业的实际负责人。渐渐的，李健的商业版图初具规模，不仅有了自己生产的产品和品牌，并凭借长期积累下来的渠道和销售能力，将自主品牌打向全国市场。在后续的发展中，理科出身的李健还给自己的产品想出了不少创新点，使得奥德赛集成灶产品在市场上一直处于不断创新的前沿地位，"比如说我给集成灶设计了顶部保温，做好的菜放在灶上两个小时都不会冷，当时这个是全国首创。"

尽管已经在市场上打出一片天地，但李健时时不忘居安思危。如今，他仍在不断思考产品和经营上的创新，只有保持不断进步，才能在日新月异的时代和市场中站稳脚跟。

回顾过去的几段人生历程，李健总说"想不到"。然而，机会都是留给有准备的人，那一次次的"想不到"中，蕴藏的是他踏实拼搏、不甘人后、敢想敢干的人生态度和雷厉风行、果敢决断的勇气，这才是成就他的真正原因。未来，李健还将在自己的人生路上，继续创造"意想不到"的精彩故事。

# 梁国坤：柳州人才继续教育的助推者

梁国坤，广西师范大学外语系英语教育本科专业1994级、法学院法律硕士专业2010级校友。广西育才教育集团创始人兼总校校长、广西雁山留学集团董事长兼总经理、柳州市乡村振兴研究院院长。

**人生格言** 临渊羡鱼，不如退而结网。

"临渊羡鱼，不如退而结网。"这是广西育才教育集团创始人兼总校校长、广西雁山留学集团董事长兼总经理、柳州市乡村振兴研究院院长梁国坤的人生格言，他坚信人生不能等待，要想获得心中所想就必须付诸行动，而他的奋斗历程也充分诠释了这句话。

## 放弃安稳的工作，走上创业的道路

1994年，梁国坤因成绩优异从融安县高级中学被保送到广西师范大学外语系就读，担任年级长，在校入党，表现优秀，1998年毕业时获得留校工作资格。但因保送生须回到生源地就业的政策，他前往广西广播电视大学柳州地区分校工作，先后担任该校团委书记、教务处主任、副校长等职务，工作顺利，前途光明。然而胸怀大志的梁国坤却不满足于此，他在充分思考后做出了一个重要的决定——辞职，下海创业，寻找一条不同的人生道路，实现别样的人生价值。

利用自身的教育经验优势，通过不懈努力，梁国坤先后创建了广西育才教育集团、广西雁山留学集团和柳州市乡村振兴研究院等。

广西育才教育集团（全称"广西育才教育投资集团有限责任公司"），总部位于广西首府南宁市民族大道62号力元科技楼11层，本部位于柳州市东环路69号水晶印象大厦，是一家集学历继续教育、行业系统培训、国家定点职业技能培训、研学旅行、非学历教育培训于一体的继续教育公共服务平台。旗下有5家社会组织、3家公司，在广西南宁、柳州、桂林、北海等地设立了14个市级直属学习中心、60多个县域服务站。目前有专职管理服务团队220余人，专兼职教师500余人，各类学历教育本专科在校生5万多人，成立16年来已为地方培养了3万多名毕业生。作为创始人，梁国坤亲身经历了集团的成长与壮大，也切身体验了集团一路走来的艰辛与不易。

## 带领集团，攻克难关

一个集团的发展壮大从来就不是一帆风顺的，梁国坤创办的广西育才教育集团也不例外。2020年疫情形势严峻，群众的生活受到了极大的影响，各个行业也受到了巨大的冲击，这当中就包括需要学生聚集的教育行业。很多教育机构纷纷裁员，甚至关门倒闭，这时的广西育才教育集团也陷入困境。为了共克时艰，梁国坤带领广西育才教育集团及时调整战略，大力发展网上教学，建立直播教室，不断增加网络教学研发和硬件设施设备的投入，源源不断地通过网络给全区 14 个地级市分校 6 万多名学生提供教学服务，保证了教学质量，维护了企业社会形象。同时，利用网络的优势和良好的口碑，集团加大网上招生宣传工作的力度，使得当年报读人数达 3 万多人，比往年报读人数增加了近 1 万人，是行业当中极其少见的在疫情中营收不降反升的企业。更令人欣慰的是集团不但不减员，还增加了 46 个就业岗位。集团顺利走出疫情困境，离不开梁国坤的决策和团队的共同努力。

成立 16 年来，集团遇到过大大小小不同的挫折和难题，梁国坤带领团队总是迎难而上，从不退缩，及时调整发展战略。在团队的共同努力下，集团取得了一定的成绩，也获得了诸多荣誉。

广西育才教育集团是进驻大学校本部继续教育学院与其合作办学的首家民办教育机构，先后进驻了桂林电子科技大学、桂林医学院、广西科技大学、广西理工职业技术学院、梧州学院、柳州城市职业学院等高校；承办了教育部 6 所直属师范大学网考联考工作专题会，广西师范大学在职研究生校外点年会，广西大学、广西师范大学、桂林电子科技大学、广西民族大学、广西医科大学、广西中医药大学、桂林医学院等多所学校成教年会和教学工作会；荣获多所全国高校继续教育优秀函授站称号；自治区两新组织党建工作示范点、自治区清廉民营企业建设标杆企业、柳州市五星级党组织、鱼峰区"魅力鱼峰 六区建设"先进集体等荣誉。

## 践行企业社会责任，用心回馈社会

集团不断发展壮大的同时，梁国坤也不忘企业的社会责任，带领团队用实际行动回馈社会。经南宁市、柳州市人力资源和社会保障局认定，集团被评选为南宁市就业见习基地，集团旗下柳州市育才职业培训学校被评选为柳州市就业见习基地，助力社会就业；积极参与脱贫攻坚工作，通过深入扶贫村帮扶、认领扶贫爱心项目、参与"以购代扶"活动等，帮扶困难学生和贫困户，捐款捐物累计 10 余万元，持续开展助力脱贫攻坚的教育培训工作，在融水、三江、鱼峰、鹿寨、柳江陆续开设建档立卡贫困户劳动力外出务工引导性培训班 56 期，精准扶贫（创业）培训班 32 期，共培训 2625 人次；疫情防控期间，集团积极响应政府号召，累计向疫区、大学、社会捐赠物资、现金共计 138000 元。

梁国坤表示，企业和社会必然是相互成就的关系，企业家必须常怀感恩之心，勇担社会责任，热心公益事业，用心回馈社会，如此企业才能积蓄力量，不断壮大。

因此，广西育才教育集团壮大的同时，梁国坤又创立了广西雁山留学集团，在国外设立了多个汉语培训基地，传播中国文化，增进国际交流，搭建友谊桥梁，源源不断地向国内输送留学生，同时在全国多个省份设立合作分支机构，为出国留学学生提供服务和帮助。此外还成立了柳州市乡村振兴研究院，为乡村振兴工作添砖加瓦，得到了市委和市政府的高度重视和大力支持；建立人才理论智库，协调区内外专家、资源打造乡村振兴平台，开展相关政策研究，为政府出台、完善相关政策提供支撑；同时立足"三农"，加强技术创新以及成果转化，促进农业产业发展，为基层提供技术服务和培训，为"三农"建设培养人才，取得了较好的效果。

放弃安稳的工作，走上创业的道路，最终获得成功，这当中既有坚定的信念、过硬的能力，以及不怕困难挫折的决心，同时也离不开梁国坤自身的不断学习。回首时光，1998 年梁国坤从广西师范大学英语教育专业毕业后，2010 年他又攻读了广西师范大学的法律硕士专业，2019 年继续攻读韩国国立釜庆大学技术管理专业博士。丰富自身的同时，他又将所学运用于实际，令集团不断发展壮大，成为柳州人才继续教育的助推者，也为广西培养了一批又一批的优秀人才。正如梁国坤常说的，要珍惜当下，努力学习，他一直在学习的路上。

# 陈圆圆：乡村振兴道路上的奔跑者

陈圆圆，广西师范大学历史系 1995 级校友，现为腾讯集团高级政务专家、腾讯"为村耕耘者"项目负责人、全国基层政权建设和社区治理专家委员会委员。曾获 2022 年广西壮族自治区"脱贫攻坚先进个人"荣誉称号。

**人生格言** 如果你真心想做一件事，全世界都会来帮你。

  陈圆圆 1999 年毕业于广西师范大学历史学专业。从刚出校园的学生到现在的腾讯集团高级政务专家，身份转变的背后是她 20 多年来的奋斗和拼搏。她 2004 年加入腾讯集团，2008 年加入腾讯公益慈善基金会。2009 年腾讯公司决定在农村落地项目，助力乡村发展，陈圆圆作为公司代表深入农村，而这一去就是 14 年。

## 在乡村治理领域不断尝试

  在城市长大的陈圆圆为何能坚持扎根农村十多年？因为在农村治理这个陌生领域里，她敢于不断探索、不断试错、不断前进。

正如她自己所说："互联网公司已经做过太多和乡村相关的事情，该试的错我都已经试过了。"为深入了解农村，2011—2012年，她先后挂职贵州省黔东南黎平县教育局、旅游局任副局长，让自己真正进入状态。

进农村前几年，腾讯在农村捐衣捐鞋捐电脑，捐建校舍乃至乡村医务室，能想到的几乎都做了一遍，但始终没能真正找到方向。这时陈圆圆意识到，如果村民不积极，不主动配合与融入，村庄就没法真正发展。外部的援助往往只是输血，不能成为村庄发展的主导力量，单纯的援助无法改变村庄的面貌，必须挖掘出村民的内生动力。于是，她开始探索乡村治理的核心，也在此后的几年里奔走在大江南北的许多村庄间。

## 深耕农村，数字化助力乡村振兴

2014年，陈圆圆代表腾讯基金会，在黎平县铜关村捐建了一处侗族大歌生态博物馆，希望发展乡村旅游。不过，大山里的铜关村实在太偏僻，村里的通信主要还是靠小卖部的固定电话，孩子们一年到头跟外出务工的父母说不上几句话。于是陈圆圆说动运营商在铜关村建设了4G基站，还免费发放智能手机，培训村民使用智能手机和微信。从一开始的在微信群里无人说话到后来的半个小时500多条信息，5个月的时间，移动互联网给铜关村带来了巨大改变，这让陈圆圆有了更大的信心，她开始以微信公众号为基础，打造"腾讯为村"平台。这是第一次有互联网公司在乡村治理中用上数字化手段，也让陈圆圆在探索乡村治理中前进了一步。至今，"腾讯为村"开展十年，已有1.7万余个村庄、250多万村民在使用"腾讯为村"平台。

2020年，陈圆圆代表腾讯公司和公益慈善基金会来到广西河池都安县隆福乡大崇村，这是广西脱贫最艰难的地方，尤其是龙布屯，农户家里唯一能称作家具的东西，只有床。陈圆圆深入调研，在贫困户家里吃住29天，直到一个夜晚，陈圆圆在龙布屯山顶上，凝视着夜空，当她看到满天璀璨的星斗时，一个借自然禀赋发展乡旅的奇思妙想突然从脑海中飘过：在山顶看日出日落，在没有光污染的夜色里望月观星，这是多少城市人向往的诗与远方。于是陈圆圆缔造了脱贫项目"龙布日出"，打造集装箱民宿，村民通过培训变成解说员、服务员、厨师等，当月 15 日他们便迎来了第一批民宿客人。腾讯还通过广东省扶贫基金会捐资 200 万元，助力该项目。如今，村民们的月平均收入超过了 2000 元，当然，在这个扶贫计划里，比"集装箱民宿"环节更重要的，是通过互联网扶贫方式，激发村民的内生动力，助力打赢脱贫攻坚战。

2021 年，陈圆圆策划并主持实施"耕耘者"振兴计划，准备用 3 年时间，面向以村支书为代表的乡村骨干，以及以农民专业合作社的理事长和家庭农场的农场主为代表的新型农业主体，开展培训，搭建"为村耕耘者"知识分享平台，在线上覆盖百万人群，在线下面向 10 万人展开面对面的培训，力争实现"培养一个人，带动一个村"的目标。

"耕耘者"振兴计划源于 2021 年农业农村部推荐的一个特殊案例——湖南省娄底市新化县油溪桥村。油溪桥本是个省级特困村，但在村支书彭育晚的带领下，探索出一套积分制体系：用积分兑换村民的山林土地，并折算为村集体经济的股份，待集体经济壮大后再行分红，同时对村民参与村庄共建的行为，例如义务劳动、乡风文明等，全都予以赋分，大大调动了村民参与的热情。14 年时间，全村人均收入增长了 35 倍，成为全国文明村。油溪桥的发展历程令陈圆圆大感震撼，于是她用了 7 个月时间扎在油溪桥，将"村级事务积分制管理"模式梳理成一套知识体系，并在农业农村部指导之下，正式开始了"耕耘者"振兴计划。

乡村振兴最重要的抓手是人才，"耕耘者"振兴计划正好回应了乡村需求，2023 年"耕耘者"振兴计划被写入农业农村部一号文件。至 2023 年年初，"耕耘者"振兴计划线下培训已经在 18 个省落地，各地都在如火如荼地开展。

## 获得诸多荣誉，未来依然坚守在乡村振兴领域

扎根农村多年，利用互联网助力乡村振兴，用实际行动践行初心使命，这让她获得诸多荣誉。2019 年被全国妇联授予"巾帼

建功标兵"、央视美丽乡村博鳌论坛"年度三农人物公益奖"，2022 年获深圳十佳杰出青年提名奖。曾获评广东扶贫济困日 10 周年突出贡献"十名爱心个人""脱贫攻坚优秀援黎平干部"，深圳市高新区、南山党群服务中心党员先锋，广西壮族自治区"脱贫攻坚先进个人"……然而与荣誉相比，她更自豪的是每一个乡村的发展。

数字化振兴乡村是陈圆圆的使命，也是她多年来一直在做的一件事。不断摸索、不断思考、不断尝试、不断试错、不断前进，她奔走在每一个乡村，为每个乡村的发展竭尽全力，探索出一套套发展项目，而乡村的进步就是对她最好的回报，也是让她感到最开心的事。十几年如一日地做一件事，依靠的是她的决心、能力和做事态度。"如果你真心想做一件事，全世界都会来帮你。"这就是陈圆圆的做事态度，坚定、不畏困难，相信一定能成功。

## 启动"耕耘者之子"项目，带领学弟学妹开启探索之路

母校是一个人成长的摇篮，为回馈母校，2022 年，陈圆圆在广西师大 90 周年校庆时，为曾经就读的文化与旅游学院捐款 50 万元，以五年为期，激励母院学弟学妹在服务乡村教育领域探索社会问题并展开社会实践。随后，她在学校文旅学院历史系招募了 20 位大一、大二的学生，组建了"耕耘者之子"项目团队，关注普通高中学生升学率不高的问题。团队成员们通过调研和访谈，定位到偏远地区的高考学子们，对少数民族及相关的预科政策、专项的政策缺乏了解渠道，因此错失了上理想大学的机会。于是陈圆圆鼓励同学们思考：如何用数字化手段，助力这些信息更便捷地触达到偏远山区的老师和高考学子？并在自己的项目团队中组建了一支由腾讯员工组成的志愿者服务团队，指导同学们设计数字化产品。同学们分成了产品组、内容组、用户运营组、传播组四个小组，在腾讯老师的指导下，用互联网思维设计产品、组织内容、展开运营、进行传播。最终，基于陈圆圆负责的"村级事务管理平台"小程序，团队推出了"耕耘者之子高校之路——广西高考志愿填报指引"专题，一方面提供了"高校选一选"，

辅助高三考生志愿填报；另一方面提供了"专项查一查"，辅助考生了解广西专项政策。专题推出后快速获得了学校、家长和考生的关注，近20万人次浏览，取得了显著的成效。

"耕耘者之子"团队的成长之路还在继续，陈圆圆也依然陪伴在她的学弟学妹身边，2023年10月29日，项目启动一周年之际，她再次回到学校，与文旅学院蒋菲书记、恩师唐凌教授、求学期间的班主任闭彦龙书记一起，组织了第一期"耕耘者之子"项目的路演，一起分享了同学们一年的学习成长历程，并为同学们颁发奖学金，鼓励更多同学关注乡村教育资源均衡，并为之贡献自己的一份力量。

青春年华里，她奔跑在乡村，为村民带去了正能量，为乡村发展注入活力，为乡村振兴奉献自己的一切力量。未来，她依然会充满热情，坚持初心和使命，在振兴乡村的道路上继续向前，奔跑出最美丽的青春色彩！

# 顾小勇：让孩子的童年更闪亮

顾小勇，广西师范大学教育科学学院 1997 级校友，现任贵州星天使文化传播有限公司董事长。他执着于为孩子们打造精彩童年，培养数百名优秀儿童在国际舞台绽放光彩，他是孩子王，更是为孩子们的成长打上聚光灯的人。

**人生格言** *欲戴其冠，必承其重。*

　　100 多名少儿模特陆续登上中国国际时装周、上海国际时装周，最远的到了澳大利亚参加墨尔本时装周，400 多名少儿模特陆续在完美童模国际少儿大赛、IPA 国际明星盛典等比赛中斩获多个冠亚季军、金银铜牌。超过 3000 名少儿模特在贵阳参与 ADIDAS、NIKE、安踏、361 度、巴拉巴拉等多个知名品牌童装发布会，从中发掘了上百名小演员参加了《斗破苍穹》《再见，陌生人》《童年快乐》《利剑玫瑰》等多部影视剧、广告宣传片的拍摄。每一次的比赛，每一次的走秀，每一次的表演，都少不了顾小勇在背后为孩子们倾注的心血。他是贵州星天使文化传播有限公司董事长兼总经理，也是广西师范大学贵州校友会副会长。

顾小勇毕业于广西师范大学应用心理学专业，原本在广州做着朝九晚五稳定高薪的工作，但心中热爱舞台表演的他在一次机缘之下决定转行转业，创立贵州星天使文化传播有限公司，一脚踏入演艺培训行业，为舞台上光彩夺目的孩子们打起了聚光灯。

"做自己喜欢的、认为有意义的事，不要让青春留下遗憾和后悔！"这是他对广西师范大学师弟师妹们的鼓励。

## 保持炽热，为创业积蓄力量

1997年9月，顾小勇来到广西师范大学就读应用心理学专业，那时候的他青涩懵懂，对未来的道路一无所知，但他勤奋好学，对于学习保持着一腔热血和日夜勤勉的精神。那时他对自己专业上的规划是做到"一专多能"，学一个专业的同时也能掌握多项技能，让自己四年大学光阴不白白流逝。所以顾小勇的大学学习时光除了完成好自己本专业的学业，同时还注重培养了自己多方面的技能与实践能力。这为顾小勇以后转业转行提供了坚实的基础。

2001年9月，刚毕业的他在广州找到了一份专业对口的工作——在广州育而教育咨询有限公司担任教育咨询顾问一职，这是他踏入社会的第一年。他刻苦耐劳，尽心竭力，即便做普通职员也不会偷懒，反而珍惜每一次历练的机会，让自己内心不断充实，能力不断提升，羽翼不断丰满。

2002年9月，积攒了一定工作经验的顾小勇应聘到美国吉的堡教育集团广州分公司担任教育咨询顾问职务。谈起那段工作经历，他表示："要比其他同事更努力，更主动，更有工作效率，更有成效，才能赢得升迁的机会。"天道酬勤，机会总是会出现在肯用功的人身上。凭借着对工作务实勤勉的态度和历久不懈的努力，顾小勇稳扎稳打兢兢业业，在2004年，他晋升为区域主管。

一年懵懂，两年蓄力，外人眼中他的故事就要以拥有稳定高薪的工作而结尾时，他却看准时机转风使舵，踏入了演艺培训行业。

## 长路漫漫，创业初心不变

创业的过程难免漫长而辛苦，但顾小勇却能始终保持着不变的初心和热情，他坦言是因为自己心底从小对表演和舞台的热爱，于是选择遵循自己内心的声音。2005年5月，他进入东莞星际文化传播有限公司做部门经理，怀着欣喜雀跃的心情，他第一次接触到自己酷爱的事业，学习如何打造艺员、如何策划演出、如何与赞助商洽谈合作等关于演艺培养的各种技能。

2007年10月，他从东莞星际文化传播有限公司跳槽到福州成艺文化传播有限公司，就任总经理。拥有在此领域两年多工作经验的他，在成艺文化的工作通行无阻、举步生风。"这是一个员工之上、老板之下的职位。越往上走，责任越大，压力也越大，当然学到的东西也越多，也更敢于挑战和担当，这为自己日后创业打下了坚实的基础。"这是顾小勇对于总经理这个职位的理解。

在这个行业摸爬滚打多年，他心中一直有一个创业梦，而这个愿望在一次旅游中得到启发。2014年他到贵州旅游，"发现"了贵阳这个城市。贵阳是贵州的省会城市，也是西南地区重要的交通和通信枢纽。经过顾小勇多次查阅和走访，发现演艺培训行业在贵阳是一片空白市场。于是，2014年12月，他在贵阳创立了属于自己的演艺培训公司——贵州星天使文化传播有限公司，担任董事长兼总经理。顾小勇所经营的"星天使文化"也在这些年取得了许多佳绩：

2019年，公司被贵州省经济文化促进会影视专委会授予会员单位。

2020年，公司被中国电视艺术家协会青少年教育专业委员会授予会员单位。

2021年，公司被贵州省电影家协会微电影联盟授予理事单位。

2022年，公司被贵州省中小微企业商会授予理事单位。

2023年，公司被CATC国际品牌运营管理中心授予贵阳代理中心。

## 记忆犹新，探索展望未来

"欲戴其冠，必承其重。"顾小勇所创办的星天使从 2016 年到 2023 年连续策划举办了七届贵州省"星天使杯"电视少儿模特大赛，推荐超过 3 万名少儿模特参与，受到贵州及国内多家知名媒体报道。

谈及每一次的活动，顾小勇都历历在目，但使他记忆深刻的是在 2016 年与贵州广播电视台的签约合作。他说："那年我们获邀与贵州广播电视台签约贵州首届'星天使杯'少儿模特大赛，并建立战略合作伙伴关系，这令我记忆犹新，倍感荣幸！"新闻发布会现场还邀请到贵州省各大媒体记者以及来自各行业的嘉宾，轰动一时。

在顾小勇的眼中，一个企业最重要的是创始人的愿景和信用。这些年他带着自己美好的愿景和对事业的热爱，专心致志，兢兢业业，让星天使一路高歌猛进，如今在贵州已有多家加盟店。

而对于企业未来的道路，顾小勇谋划已久。他表示，贵州"星天使杯"少儿模特大赛对青少年来说是一个非常优秀的展示平台，让孩子们克服害羞腼腆的同时，变得自信大方、气质优美，不断提升抗挫折的能力，同时让孩子在童年的时候留下美好的回忆。希望这个大赛能够不断传播积极的能量，推广至西南地区乃至全国；其次，让更多的孩子能走上"米尼巴莎国际模特时尚周"，让"星天使"如同满天星洒遍西南地区甚至全国，为让孩子们拥有一个广阔精彩的舞台而贡献自己的力量。

# 陈广：用法律的力量书写人生华章

陈广，广西师范大学政治系1998级校友，现任上海汉盛律师事务所高级合伙人、南京等地仲裁委员会仲裁员、国际商事与能源仲裁法院（BICAMC）仲裁员、中国国际经济贸易仲裁委员会仲裁员、上海律师协会商事争议解决委员会委员、上海律师协会民事法律业务研究会委员、广西师范大学上海校友会副会长，曾任益阳市政协委员、上海立信会计金融学院客座教授。

**人生格言** *大肚能容，笑口常开。*

深耕法律行业24年，代理商事诉讼、仲裁千余件，并担任多家仲裁机构仲裁员，获得上海市金融工委优秀共产党员、行业优秀党员、先进工作者等无数荣誉称号，他就是上海汉盛律师事务所高级合伙人——陈广，一位深谙法律之道、金融之道的律界英才。

## 勇闯都市，成绩斐然

陈广与法律的结缘始于他的大学时代。高中就读于桂林中学的陈广，自小就对法律、金融有着浓厚的兴趣。高考后，他被南京大学法学院经济法系录取。陈广学业出色，1994年便通过了全国律师资格考试，正式走上了律师的道路。毕业后，陈广回到桂林，在中国建设银行系统担任多年法律顾问，其间积累了丰富的金融法律经验，这为他日后的律师生涯打下了坚实的基础。

2000 年，陈广于广西师范大学毕业，获得了研究生文凭。此时陈广逐渐察觉到上海这座大城市，可能会为他带来更加广阔的发展空间和更多的机会，他也渴望进一步了解一线城市的律师职业发展情况。因此，2005 年，陈广带着梦想和期待，踏上了前往上海的道路，开启了他在这座城市的律师生涯。

凭借出色的业务能力和学习能力，陈广在上海这样一座充满活力的城市中迅速闯出自己的天地，成为一名经验丰富的律师。他代理过千余起民商事诉讼、仲裁、执行案件，成功地解决了许多疑难复杂、新类型的案件。此外，陈广也为多家大型并购项目和私募基金提供了法律服务，并先后担任 100 余家单位的常年法律顾问或专项顾问。他熟悉企业法律风险管控、合规规划、劳动人事等方面的知识，担任了多家仲裁机构的仲裁员，裁决了大量的商事案件，并且全部生效。在上海工作期间，陈广被上海汉盛律师事务所民主、自由的氛围吸引，并最终选择加入汉盛，成为高级合伙人。

## 业务专业，心态乐观

在汉盛律所，陈广始终以勤勉尽责的态度对待客户与工作。他曾在去年办理过一起涉及购房合同纠纷的官司。客户以合同规定的价格付完房款后，卖方却出于种种原因考虑，拒绝将房卖出。款付了，房子却没拿到，当时客户特别焦心。针对这样的情况，陈广利用自己丰富的法律经验，为客户提供了一整套专业详细的处理方案，最终帮客户赢得官司，顺利买下房子。看到客户在自己帮助下成功住进新房，陈广内心也同样充满了喜悦。

其实在陈广看来，自己在为客户提供优质法律服务的同时，也与客户形成了一种良性互动。如果客户对服务过程和结果感到满意，一方面，客户会感受到法律带来的公平正义，从而对法治环境更有信心；另一方面，自己可以与对方建立起真挚友谊，对方在未来也可能会为自己提供有利资源。

此外，陈广还分享了自己从事律师行业以来所积累的一些心得和体会。陈广认为，"术业有专攻"。工作时，他会尽可能地运用法律和证据的力量，去影响裁判者的思路，从而取得成功。陈广还认为，如果遇到了棘手的官司，比较重要的一点就是要与委托人做好互动沟通，全面了解情况，从而去找寻细节上的突破点，再运用法律的思维，从突破点切入，赢得全局成功。

当然，在这个过程中，陈广也不可避免地会遇到许多困难和挑战。对此，这位乐观睿智的律师直言："在面对压力和困难时，最重要的是要把握好自己的心态，活在当下，尽力做好自己应该做的事，不要去对结果有太多焦虑。如果实在感觉压力很大，可以尝试通过听音乐、运动的方式来缓解。我自己就很喜欢运动。"

正是这样一种乐观豁达的心态，再加上对待工作的勤勉认真，让陈广获得了行业与客户的高度认可，并取得了一系列卓越成就。他曾担任益阳市政协委员，上海立信会计金融学院客座教授，汉盛诉讼和仲裁专业委员会副主任，南京、合肥、沈阳、北海、玉林仲裁委员会仲裁员，比斯凯克国际商事与能源仲裁法院仲裁员（BICAMC），第18届中国国际经济贸易仲裁委员会仲裁员（CIETAC），第9届、第10届上海律师协会商事争议解决委员会委员，第8届上海律师协会民事法律业务研究会委员、上海三家省级或地市级商会监事长，985高校上海校友联盟联合创始人，第四届南京大学上海校友会副会长兼秘书长。

## 行走各地，热心公益

作为一位法律人，陈广坚信法律是维系社会秩序和公正的基石。因此他不仅在工作中致力于维护客户的权益，也在公益事业中，用法律知识为社会贡献自己的一份力量。

由陈广作为高级合伙人的上海汉盛律师事务所，自2019年以来与云南相关州、县开展合作，设立法治扶贫、助力乡村振兴等法律公益项目。2023年4月，上海汉盛律师事务所与怒江州司法局、律协建立公益法律帮扶关系，为重大决策、重大行政行为、助力高质量发展中的法治宣传与培训方面提供支持。同时，启动了2023"行走的法治公益课堂"项目，先后在怒江州的泸水、福贡、贡山等地，大理州的弥渡、剑川以及古生村等地，开展法治宣传、培训、捐赠与考察、调研等活动，累计为超过20家政府机关、事业单位、学校、企业、协会提供各项法律培训，受益人数近3000名。

为推广怒江特色农业，陈广所在的律所同仁们专程赴滇考察怒江特色农副产品——老窝村火腿、福贡白茶，以及咖啡、玫瑰、松茸等云南土特产，并了解当地生产、加工环境的卫生状况。在沪滇合作的专业机构帮助下打造了一款汉盛法律人的中秋公益产品，用实际行动助力国家乡村振兴事业。

陈广也积极参与了汶川地震捐款、河南水灾支援等公益慈善活动。陈广表示，未来他将继续致力于公益事业，为更多需要帮助的人提供法律援助。他也希望通过自己的努力和影响，带动更多的人参与到公益事业中来，共同为社会发展作出贡献。

## 情牵母校，心系校友

此外，陈广对母校广西师范大学怀有着深厚感情。在广西师范大学学习期间，他与同学互相帮助，团结友爱，一起参加了各种体育运动和课外活动，留下了许多珍贵美好的回忆。

毕业后，陈广积极参与师大上海校友会的各项活动，热情接待母校领导和各方来访人员，还积极参与校办领导组织的各项座谈会。这些活动使他与母校保持了深刻的情感联结。

陈广也对有志成为律师的师大学弟学妹们提出了一些建议。陈广指出，由于大城市工作机会多，资源相对丰富，因此他鼓励学弟学妹们尽可能前往大城市发展，以积极开阔眼界，提高自身能力。

同时，他也建议学弟学妹抓住机会，进入一些知名律所公司工作。这样，他们不仅能够学习到更多知识，而且会有更广阔的上升空间。另外，陈广也强调了终身学习的重要性。在陈广看来，只有通过努力学习，才可以改变自己的命运，更好地适应社会发展和变化。

最后，陈广也希望师大所有的学弟学妹都能保持一个积极乐观的心态，要心怀梦想，努力进取，乐在当下。

　　"路漫漫其修远兮，吾将上下而求索。"在与法同行的职业路途上，既有艰辛挑战，也有机遇希望。但无论未来怎样，陈广都将继续保持乐观心态，锐意进取，用法律的力量，继续书写一篇篇属于自己的人生华章！

# 荣海军：饮水思源报母校，共建共享谋发展

荣海军，广西师范大学外语系1999级校友，现任防城港中运国际物流有限公司董事长。他领导的中运公司不断进行服务创新、管理创新、个性化服务推陈出新，现在已成为广西北部湾影响力较大的第三方物流供应商。

**人生格言** 人的生活不总是一帆风顺，每个人都有自己的不容易。

"人的生活不总是一帆风顺，每个人都有自己的不容易。"防城港中运国际物流有限公司董事长荣海军说，"要以积极乐观的态度面对生活中的困难，永葆善良、感恩之心，养成终身学习的习惯，努力汲取专业知识，锻炼过硬工作能力，才能回报社会。"

从上大学，到就业，再到创业，一直以来，荣海军始终乐观、勤俭、沟通、真诚、懂得感恩。

## 更换赛道，从就业到创业

荣海军是广西师范大学 2003 届英语教育本科毕业生，那一年，恰逢师范类毕业生第一年就业实行双向选择，原本应该回到生源地柳州三江县做英语老师的他在校期间就与中远集团旗下的中国防城外轮代理有限公司签订了就业协议。

进入中国防城外轮代理有限公司后，从业务员开始，经过近十年的奋斗，荣海军成为公司副总经理，但是工作中他总觉得缺了些什么。

选择往往就是因为一个机会的出现。2012 年，荣海军的一位客户想转让防城港的一个仓库，询问他有没有兴趣接手。荣海军之前就已经意识到中国防城外轮代理有限公司虽然业务做得很大，但是没有自己的场地、码头或者仓库、堆场，始终是一个短板。而他以后即使成为公司总经理，在是否买块场地做仓库方面也没有决策权。于是，他决定辞职，接手客户转租的仓库自己创业，组建防城港中运国际物流有限公司。

创业是有风险的，不过荣海军半开玩笑地说他心里有底，毕竟是广西师范大学英语专业本科毕业，实在不行就找个私立学校做回英语老师。

十年的经验储备，让玩笑终究只是个玩笑，荣海军抓住了这个机会，凭借着与客户强大的黏性，一步一步让防城港中运国际物流有限公司发展壮大，即使在疫情防控期间，也没有受到太大的影响。

## 事业有成，始终心系母校

荣海军事业有成后，始终心系母校，以"弘扬师大精神、激发创业热情、承担社会责任、促进交流合作"为己任，与广西师范大学一起大胆创新、包容并进，积极助力校企合作共赢。

2017 年 12 月，他决定捐资设立广西师范大学中运基金。中运基金首期设置时间为 5 年（2018 年 1 月至 2022 年 12 月），每年10 万元人民币（第一年 5 万元，后增加至 10 万元），捐赠款项全部用于捐助广西师范大学外国语学院的教师和学生，奖励在教学、科研、学业方面取得突出成绩的师生，资助品学兼优的学生，帮助生活困难的师生，促进教师成长，学生成才，推进教育事业发展，并推动校企交流合作与共同发展。

荣海军还始终关心学校和学生的发展成长。他先后于2017年和2019年重回广西师范大学，出席"中运基金"捐赠仪式。他用朴实无华的语言与学弟学妹分享自己的人生经历、成长感悟。"人的生活不总是一帆风顺，每个人都有自己的不容易。"他鼓励外院学子要以积极乐观的态度面对生活中的困难，永葆善良、感恩之心，养成终身学习的习惯，努力汲取专业知识，锻炼过硬工作能力，才能回报社会。

荣海军强调，大学不仅是成长过程中的角色定位阶段，更是思考、判断、发现的开始，并为未来的就业、创业夯实着基础。学弟学妹们要学会做人，要脚踏实地，学好专业知识。

2019年，荣海军被广西师范大学外国语学院聘请为大学生创新创业教育导师，并作为主讲嘉宾出席"外国语学院创新创业专题讲座"。在讲座中，他结合自身创业经历和公司发展历程分享了就业、创业的实践经验。他认为勤俭、沟通、真诚这些创业品质对成功有着莫大帮助，创业要以扎实的作风拓展专业基础，自我努力，不断追求，且要树立终身学习的理念。

## 携手助力，校企合作共赢

荣海军一直致力于与广西师范大学的双向互动、合作共赢，致力于校企之间的交流合作和资源共享。2018年11月10日至11日，谢世坚院长、韦敏副院长及颜东老师等一行应荣海军的邀请到防城港中运国际物流有限公司进行考察交流、回访院友活动。

在座谈会上，荣海军说："中运物流公司很多优秀的业务骨干都毕业于广西师大，目前北部湾很多公司都有师大外院毕业生，他们勤勤恳恳为北部湾地区的对外交流与经济建设作出了巨大贡献。"

荣海军表示希望能够进一步加强与母校的交流，希望能为母校毕业生提供实习和就业的机会。也表示将进一步加大向广西师大外国语学院"中运基金"的拨款，用于奖励和资助外院优秀学子，帮助他们完成学业和进行创新创业实践活动。

2020年9月，校领导李英利同志率队走访防城港中运国际物流有限公司时表示，母校是校友的坚强后盾，希望校友利用好广西师大企业家校友联谊会的平台，加强校友企业之间的交流合作和资源共享，共同探讨实现同向同行、共建共赢的校企合作新模式，助力母校高水平大学建设。这与荣海军捐赠中运基金的初衷高度相符。在"加强校企交流合作，促进校企资源共享"的路上，荣海军一直砥砺前行。

# 秦晓忠：情系家乡发展的建设者

秦晓忠，广西师范大学文旅学院 1999 级校友，现任桂林金山新材料有限公司董事长、党支部书记，并担任桂林市人大代表、灵川县人大常委会委员、灵川县新的社会阶层人士联谊会会长、灵川县甘棠教育发展促进会理事长、潭下商会会长等职务。

**人生格言** *诚信是金，商誉如山。*

自当选为市人大代表以来，秦晓忠一直心系企业、热心公益，充分发挥自身优势和党员先锋模范作用，聚焦"三大振兴"重点领域，坚持高质量发展，自觉承担社会责任，为灵川县实施工业振兴、乡村振兴、教育振兴作出了突出贡献。秦晓忠说："人大代表和企业家的双重身份令我倍感责任重大。作为企业家要尽可能多地创造社会财富，而作为人大代表，履职为民更加责无旁贷。我将一如既往地用实际行动彰显人大代表的时代担当与崭新形象。"

## 弃政从商，做行业"领头羊"

2006 年，秦晓忠毅然放弃了前途一片光明的仕途之路，选择从商。隔行如隔山，万事开头难。他凭借坚韧不拔的毅力、刻苦钻研的精神，经过多年的努力，带领公司稳扎稳打，一步步走向成功。目前，桂林金山新材料有限公司（以下简称"金山新材料"）已成为国内同行业中规模最大、品质最优的集研发、生产、销售于一体的碳酸钙系列产品生产企业之一。其员工 600 多人，年产能 50 万吨，年上缴税收近 3000 万元。2021 年，金山新材料获评为"中国无机盐工业轻质碳酸钙第一强""中国无机盐工业纳米碳酸钙第四强"。金山新材料既是中国碳酸钙行业协会副会长单位，又是国家碳酸钙行业标准的起草单位。该公司还荣获了国家级的"全国乡镇企业质量管理先进单位""全国乡镇企业创名牌重点企业"，以及自治区人民政府授予的"优秀科技型企业""广西名牌产品""广西著名商标""全国高新技术企业"等众多殊荣。

秦晓忠深耕碳酸钙行业近二十载，为中国碳酸钙行业的高质量发展做出了积极的努力和贡献，被中国无机盐工业协会评为"十三五"期间推动碳酸钙行业创新发展先进个人。他还获得了"广西百名表现突出中共党员民营企业家"、市区级"优秀民营企业家"、桂林市非公有制经济人士经济领域"工业振兴、乡村振兴先进个人"等荣誉。

## 饮水思源，倾力为民解忧愁

从进入金山新材料的第一天起，秦晓忠始终秉承"以信誉求生存，以互惠谋发展"的理念，将"诚实做人、守信经商、亲民爱民、互惠互利"作为企业发展的宗旨，以"达则兼济天下"的情怀创新企业与当地群众共同致富的路子，他优先安排当地村民到企业就业，先后安排了 700 余名当地的乡亲进企业工作，人均月工资达 2500 元以上，使他们由地地道道的农民变成了企业工人，有效缓解了当地闲散劳动力就业难的问题。

为了帮助贫困群众，桂林市政府计划建设扶贫车间。秦晓忠得知此消息后，便将"造血比输血更重要，只有让贫困群众真正掌握就业技能，才能让贫困群众站起来走得远"的想法存于心间。他主动请缨将扶贫车间建在了他的企业，使本地贫困群众实现不出远门、就地小康的目标。东头村的秦菊兴说道："我脑梗不能做事，感谢秦晓忠总经理，不仅给我安排了住房，还安排了我的家人在扶贫车间工作，解决了我的一大难题。"秦晓忠作为人大代表深知群众的需求，时刻体谅群众的难处，谁家有急事，他总是二话不说派人派车帮助解决，正是这种精神，使他赢得了当地群众的信赖与称赞。

## 爱心助学，关注教育托起未来

"少年智则国智，少年强则国强。人才培养的关键要从娃娃抓起，从基础教育抓起。"这是教师出身的秦晓忠常常挂在嘴边的一句话。他的公司在教育慈善的道路上也从未停歇。2021年，在灵川县委、县政府的支持下，秦晓忠率先发起成立了"灵川县甘棠教育发展基金会"并任理事长。该基金会在2022年更名为"灵川县甘棠教育发展促进会"，他的公司捐赠了首笔爱心善款400万元。秦晓忠表示，教育发展促进会的成立旨在通过奖励优秀学生和资助贫困学生、奖励优秀教师和帮扶困难教师、资助学校建设等措施，点燃教育的希望之光，照亮教育的发展之路，进一步促进当地教育事业全面发展和进步。

秦晓忠始终认为乡村教育振兴是乡村振兴的基础和前提，只有实现了乡村教育的全面振兴，才能为乡村振兴注入持久的发展动能，这也是他一直以来心系教育的原因。2017年，他创办了金山集团教育发展基金，并且每年都会投入资金20万元，帮助贫困大学生解决学费、生活费等难题。在给予物质帮助的同时，秦晓忠还非常关心他们的思想成长，鼓励他们读好书、做好人、立好业，如今已有120余名贫困大学生获得了帮扶。秦晓忠每年还会开展"六一慰问贫困留守儿童活动"，组织全县爱心非公企业、商协会累计筹款40多万元，为贫困儿童送去温暖。

## 与爱同行，公益事业展初心

"一个富有责任心和爱心的企业，才是一个有竞争力的企业。作为一个企业家，除了办好企业多创造财富，更要担负起社会责任。我作为一名人大代表更要承担起我的责任。"秦晓忠总是这样对人说，也总是这样去做。言行合一的他，主动与灵川县总工会、工商联、妇联、残联等单位建立了长期联系，通过牵线搭桥，竭尽所能帮扶那些急需帮助的贫困学子和困难家庭。他积极主动地参与桂林市开展的"民营企业走进贫困村共建新农村"活动，在出资改造农村基础设施、产业扶持、劳动力培训安置、抗洪及抗震救灾等方面，他已累计向社会慈善公益机构捐款400多万元。"鸦有反哺之义，羊有跪乳之恩。"是潭下镇这片热土给了他创业的机会，哺育了他的企业，他也十年如一日，坚持做一名用真情回报社会、服务人民的"孺子牛"，用实际行动展初心。

在担任灵川县新联会会长期间，秦晓忠充分发挥模范带头作用，带领会员们齐心协力、聚焦主业，主动在乡村振兴上展现新作为。2021年，他带头捐资120万元建设潭下镇金山广场和潭下村公共服务中心，组织新联会会员们统筹资金近百万元助力灵川县乡村振兴示范村建设。他还积极参与招商活动，多层次、多形式向外宣传推介潭下镇和灵川县的投资环境、区位优势和资源优势，吸引外地客商来投资兴业。他牵头通过商会以商招商，目前已帮助6家企业成功落户潭下，有效增强了潭下镇经济发展后劲，为乡村振兴有序推进奠定基础。

由于秦晓忠与他的公司热心慈善公益，各村委、当地百姓送给他与其公司的锦旗和感谢信不计其数。他的公司被自治区总工会评为"全区困难职工爱心企业"，被桂林市光彩事业促进会评为"第二届理事会副会长单位"，还被灵川县政府授予"爱心企业"的称号。同时，秦晓忠也被桂林市人民政府授予2020年桂林市非公有制经济人士领域"工业振兴、乡村振兴"先进个人称号。

时光荏苒，初心如磐。虽然时代在变，但秦晓忠的初心从未改变。在经商上，他始终以"诚信是金，商誉如山"作为人生格言；在公益路上，他表示自己将会继续为家乡贡献力量。

# 甘国宣：不甘平凡的奋斗人生

甘国宣，广西师范大学外语系 2000 级校友，现任广西师范大学东莞校友会副会长，创办瑞迅智能车库（广东）有限公司，致力于解决城市停车相关难题，为城市静态交通设施投资、建设与运营等民生工程提供一体化综合解决方案。

**人生格言**　欲成大树，莫与草争。

## 不甘平凡，求学不忘修炼内功

2000 年，年轻的甘国宣毕业于广西贵港师范学校英语专业。原本可以到初中担任老师稳定发展的他，认为做老师并不是自己想追寻的人生方向，打算继续在英语方向进行深造，于是便考入了广西师范大学的外贸英语自考本科进行脱产学习，在不到三年的时间里学完专科到本科的所有课程，通过了各科考试。不仅如此，求学期间，甘国宣凭借突出的个人能力和积极向上的态度，还担任学院成教系统学生会主席，组织和参与学院及学校的各项学生会工作。此外，他还担任当时负责学院脱产教育办公室主任的助手，协助老师开展学生管理、文件处理等工作。

　　"现在看来这些工作是比较简单的，但是在当时来说还是很有意义的，因为要处理很多全英文的资料和相关工作，积累了不少实践经验。"甘国宣回忆道，"另一方面，在工作过程中和老师们打交道很多，也对我的经验积累有不小的帮助。"接触下来，甘国宣勤勉踏实的工作作风得到了学院老师的认可，后来他顺理成章地进一步参与到学院的招生工作中，并作为学院招生组的成员，每年暑假代表学校参加省内外的招生会。"非常感谢师大当时给我的锻炼机会，在校期间就拥有了比较丰富的工作履历，这是一般学生没有的，对后来走进社会参加工作有很大帮助。另一方面，参与学生会工作期间，结识了学校各个院系的学生会干部，在相处过程中大家彼此认可和吸引，成了非常密切的好朋友，至今差不多有 20 多年了，大家依旧互有往来和聚会。"

## 把握机遇，毅然投身贸易红海

　　2003 年从师大毕业后，甘国宣决定从事外贸行业相关工作，到社会上打拼。他先后就职于一家台资出口企业和瑞典著名的上市巨头企业 ASSA ABLOY（亚萨合莱）集团东莞代表处。他回忆起当时的工作经历，在个人成长和工作经验方面得到了很多的收获。一方面因为工作性质，基本都有机会直接和客户企业的负责人或者高层接触，在行业方面和个人阅历方面都带来很大帮助；另一方面，当时他不仅负责企业内所有的进出口环节等供应链全流程工作，还肩负着市场渠道的开发与建设工作，对个人极具挑战性。

　　在两家企业先后积累了丰富的运营管理经验和行业资源后，2010 年，甘国宣决定自己出来从事贸易工作，代理销售老东家 ASSA ABLOY 旗下及国内多个品牌的旅业智能设备与控制系统，如门禁、电梯、客房、电气等控制系统与装备，主要服务于香格里拉、希尔顿、万豪、喜来登、洲际、温德姆、华美达等国际知名连锁酒店品牌。自此，甘国宣迈出了自主创业实现人生价值的第一步。

## 独具慧眼，潜心深耕蓝海机遇

在外人看来可能会有一种疑惑，从酒店相关系统与设备的贸易工作，怎么突然就转行做智能车库了呢？这当中又有怎样的契机呢？对此，甘国宣娓娓道来。在他的朋友圈中，有一家做电梯等特种设备制造和销售的企业，自2010年起就开始运作，当时，朋友一直想邀请他合作加入共同发展，他考虑到想在市场上先发展锻炼自己，并储备一些资源，暂时没有加入。不过，在后来的个人创业贸易工作中，其中有一项产品就包含了酒店的电梯控制系统。不久双方共同发现，电梯特种设备这个领域在2018年就开始趋于饱和，于是大家就经常在一起研究未来的发展道路，如何在现有的渠道、技术、生产、人员等资源基础上，延伸出新的有前景的产品和市场。

"智能立体车库和电梯一样，都属于对安全和质量要求极高的特种设备，而且当时我们研究发现，两者的生产、技术、渠道、设备厂房等这些要素都是可以互通共用的。"甘国宣和他的朋友们研究发现，停车难已经是目前一个社会热点问题，如何解决百姓日趋增长的停车需求将是未来几年国内各地区要着重解决的民生问题，为此他们还特地赴云南、贵州、四川等地理环境复杂的地区开展调研。经过调研，大家决定在原有电梯设备与系统生产制造的基础上，增加智能立体车库的项目，由甘国宣担任总负责人，成立了瑞迅智能车库(广东)有限公司，自2019年起正式运营，2020年正式投产。

"这些年国内的机动车保有量一直处于增长状态，但是场地的限制导致停车难成为一个显著的矛盾点。通过设立智能立体车库设备，可以充分利用有限的场地资源，大幅提高该场地内的停车量，不仅解决居民回家生活和出行办事上的强烈停车需求，也能解决当地政府主管部门和各类场景下的民生问题。"甘国宣坦言，目前市场需求已经有较大的体量，不过这类民生问题涉及多部门、多层级的主管部门和机构，官方在相关的政策、监管、制度等方面尚未有明确的标准和细化内容出台，因此目前整个行业都还处于发展期，但是市场前景是肯定有的。

对此，甘国宣凭借自己多年的从业经验和眼光，制定了几项关键的发展要点。首先也是最重要的，就是严守质量红线，坚持研发和生产质量过硬的产品设备。"这是制造企业最重要的一点，尤其是我们这种一直从事特种设备的，安全与质量可靠是红线中的红线！"他强调，稳步发展是他的核心理念，把技术和生产打造好，做好自己能做的事情，坚决杜绝盲目扩张和质量下降，超过边界的事情一律不做，这也是他经营企业和个人为人的准则。

第二点，是对市场的提前铺垫和引导。据甘国宣介绍，现阶段整个市场尚处于发展初期，"资源很多都有的，但是市场与客户还需要时间去进行观念上的改变和教育"。开展营销体系建设，对合作伙伴和客户进行沟通引导是他们的重点工作之一，双方都在进行考察和探讨，从接受到最终真正落地有很多细节，尚需要一点时间，公司也在计划打造几个标志性的落地项目。甘国宣认为，市场的前期铺垫很重要，只有提前做好准备，才能在未来的爆发期成为最早一批抓住机会的企业。

第三点，就是对产品和市场的定位。一方面，公司为针对原有场所停车需求的改造项目提供一整套的设备、系统及生产、安装、运维等全链条解决方案；另一方面，推出以家庭或个人为单位买单的"立体停车单品"。甘国宣坦言，在产品方面其实是有一些压力的。在市场尚未完全打开之前，坚持进行产品的研发和技术、人员、资金的投入，这是需要勇气的。"这不像以前做贸易，东西卖掉了资金就可以回笼，现在没有这么简单。"为此他才强调在定位清晰的基础上进行聚焦，这样资源的投入效率才能最大化。"我们坚持把内功修炼好，一旦市场打开，我们储备的所有力量就会全部打出去。"

鉴于以上的发展眼光和企业战略，甘国宣对未来充满信心。他笑道："我们比传统做停车行业的企业更能熬。基于原有特种设备的基础，我们在市场资源、人员、场地、资金等方面的储备和利用更具优势,我们坚信会等到市场全面打开的那一天!"

作为一名创业者和企业家,甘国宣在奋斗多年的从业生涯中,早已锻炼出非凡的信念和坦然的人生态度。他的瑞迅也如同一只蛰伏的猎豹,凭借这些年的付出,耐心地等待着未来在这片行业蓝海中一跃冲天的机会。

# 蒙华胜：勇于跨界善于择业

蒙华胜，广西师范大学体育学院 2000 级校友，现任上海悠络客电子科技股份有限公司副总裁，曾经创办京屋光电科技有限公司、由特视讯科技有限公司，广西师大上海校友会副会长。他凭借兴趣引领，以勤奋刻苦的精神成功实现从教师到企业家、从体育生到通信专家的转变。

**人生格言** 选择大于努力，决定改变命运，做了不一定会行，不做肯定不行！

在广西师范大学上海校友会窗明几净的办公室，我们终于见到了校友蒙华胜。他身材高大，上穿一件绿色的 Polo 衫，下着一条白色的高尔夫裤。他一见我们就满脸笑容，侃侃而谈，直到采访结束，让我们倍感亲切。但透过这笑容，却让我们看到他创业的艰辛。

## 求学：勇于跨界

蒙华胜出生在世界举重之乡广西桂林市临桂区五通镇的一个普通农村家庭里。家庭收入拮据，但穷而弥坚，环境并没有影响他对知识的渴望。他凭着自己的聪明才智和勤奋努力，于2000年考上了广西师范大学体育学院，成为一名本科生。

说到求学，蒙华胜特别感谢国家的助学贷款，说如果没有助学贷款，自己根本就完成不了四年的学业；也特别感谢学校鼓励学生跨专业选修第二学位的举措，说如果没有这项政策，自己就不可能在计算机领域如鱼得水。他早在高中读书时就对电脑产生了浓厚的兴趣，通过看计算机杂志了解到了很多相关的知识。高中还没毕业，他就对386、486个人电脑和Linux操作系统非常熟悉。大一、大二时，他选修了计算机专业第二学位，并在学懂、弄通、研透上下功夫。

随着我国科学技术的发展，计算机软硬件的应用普及很快，Windows系统和人机交互界面推广后，专业基础知识并不深厚的普通大众不用学习命令也能很快掌握。蒙华胜觉得自己有这方面的基础理论，也有了一定的实践经验，可以解决现实中的一些问题了，便和桂林电子科技大学的同学商量，去为网吧老板搭建平台，组装机器，维护网络系统。这对他来说，既是不小的突破，也是大胆的跨越，无疑为后来的成功奠定了基础。

## 就业：坚持信念

蒙华胜回忆大学生活时，还特别感谢当时的年级辅导员刘闯。是刘闯老师分享的出国经历，激发了他也要去外面的世界闯一闯的想法。

敢想也要敢干，蒙华胜毕业后便去了广东寻找新的发展机遇。他凭着自己在体育方面的优势，当上了一名高中体育老师。说实话，在经济发达的广东，当老师工作稳定，地位不低，薪酬福利也颇为丰厚，是很不错的。但他志存高远，并不满足于此，仍想着要跨界，要超越。他利用课余时间去兼职创业，做得风生水起。

学校当然不允许，校领导便出面制止。怎么办？他经过一番苦思冥想和艰难的选择，终于下决心辞掉这"铁饭碗"，转行去当业务推销员。

说到业务推销员，蒙华胜认为这是他一生中不可或缺的宝贵财富，特别是在浙江宁波的一次经历，更让他记忆犹新。他大热天穿着工作西装，系着领带，拎着五六本产品推销的资料去找一位五金店的老板，没想到那五金店的老板一听就摇头拒绝，说："不要不要，不要！你不要到我这里来推销了！"这话不假思索，不留情面，让他想起在校时一上讲台就受学生欢迎的画面，落差实在太大，令他难过得差点要掉眼泪。这业务推销员还当不当？他曾想过要放弃，但信念却要他坚持。他调整心态，顶住压力，厚着脸皮又继续上门，两次、三次……终于得到认可并获得成功。

## 创业：善于择业

这段经历对蒙华胜起了重要的作用，让他树立了信心，坚持了下来。2009年，他在杭州创办了京屋光电科技有限公司；2012年又在上海创办了由特视讯科技有限公司，生产组装大屏幕显示系统；2017年还加入了上海悠络客电子科技股份有限公司，成为合伙人，进入人工智能赛道，服务大型连锁企业，赋能连锁门店数字化。多年来，他一直活跃在这个领域，从参与视频安防监控，到成为上海市公安局技防专家、上海市政府采购专家和上海市通信委员会专家。他一路走来，俨然已顺应"新基建＋人工智能"的时代潮流，在探索的道路上越走越远，越走越坚定，用他的话来说，是扎下了根儿。

现在，15年过去了，在蒙华胜和团队的努力下，上海悠络客已蒸蒸日上，成为 AI 细分行业的巨头；2016年在新三板挂牌后，作为商业智能化平台公司，也成为国内该领域的头部企业，累计签约3000多个连锁品牌，服务60余万家门店，服务流量超过千亿人次，还与星巴克、蜜雪冰城、茶百道、优衣库、海底捞、途虎养车、上海通用汽车等头部连锁企业建立了战略合作关系。2023年，他成为广西师大的创业导师，在母校体育大楼里为学弟学妹们介绍创业经验。

当我们问到他创业多年，感受最深的一点是什么时，他毫不犹豫地说，不要被所学的专业束缚，要培养自己的兴趣爱好，勇于跨界，善于择业，选择大于努力！这是经验之谈。他从体育专业转到计算机领域，从中学教师转到业务推销员，又从单个公司转到人工智能头部企业，在信息技术、教育培训、企业运营、创业孵化方面均积累了丰富的行业经验。每一次面临一个新的选择，他都有过放弃的念头，也有过迫人的压力，但都坚持了下来，积极应对，不断巩固，再创佳绩。他说，在今天这个飞速发展的时代，只要我们选好一个行业，深耕下去，坚持不懈，总会成功。努力重要，选择更重要，要把握每一个机会，让人生绽放出无限可能。

# 肖生华：在与人分享中成长、成就

肖生华，广西师范大学经济政法学院2000级校友，国家一级品酒师，褚酒品牌联合创始人、董事，褚酒销售总公司董事长，云南褚酒庄园酒业有限公司董事，褚马会执行会长，独秀峰酒创始人，广西师范大学江西校友会会长。

**人生格言** 人生总有起落，精神终可传承。

"大家好，我是肖生华，希望我今天的分享能为你们的生活和工作带来一点升华。"每逢上台，校友肖生华总喜欢用这句话作为开场白，略带口音的普通话，却总能让人在清风和煦的讲述中感受到他对事业、对生活盎然不息的热情。

## 从橘子开始的"分享"理念

云南褚酒庄园酒业有限公司董事肖生华出生在江西省新干县，父亲是一位质朴本分的农民，靠着种橘子艰难地养活着穷困却充满温情的家庭。为了让肖生华长大后能有一技傍身，父亲总是找机会向肖生华讲述种植橘子的经验与心得。这其中，最让肖生华记忆深刻的一句话是："橘子种出来一瓣一瓣地剥开，就是要用来与人分享。"他知道，这也是父亲借着橘子在启发他如何做人、做事。凡事要与人为善，有了好处，有了利益，一定别忘了与人分享。

肖生华对这句话刻骨铭心，把它作为自己的座右铭。但他怎么也没想到，父亲这样一个人，却在他考上广西师范大学经管学院后不久就撒手人寰，让整个家庭失去了支柱，本来就拮据的生活更是雪上加霜。

幸运的是，肖生华遇到了学院的好领导、好老师和好同学，他们给了他无微不至的关怀，在思想上帮助他，在生活上关心他，让他振作精神，全身心投入到学习中去。他穷且益坚，不坠青云之志，经常跑图书馆，钻新华书店，查找学习资料，把能找到的与专业有关的图书或资料都看了个遍。他还利用周末或假期兼职做家教，赚取学费、生活费以减轻家庭的负担。功夫不负有心人，他仅用三年时间就完成了四年的学业，成为学校实行学分制后第一个提前毕业的本科生。为此他非常感激母校，感激老师和同学，并暗下决心等事业有成之后，一定要回报母校，与人分享。

## 做褚酒不只是干事业，更是为分享正能量文化

2003 年，肖生华毕业后，先后在江西人民出版社、苏州大学出版社、好孩子集团等单位工作过，后来跟随著名企业家褚时健、马静芬夫妇创业。

褚时健、马静芬夫妇的创业故事可谓当代企业家的一部传奇：从 1979 年临危受命进入玉溪卷烟厂开始，褚时健用了 18 年的时间，将濒临倒闭的玉溪卷烟厂带到了世界前五、亚洲第一的高度；在事业辉煌的时候，却因经济问题身陷囹圄，出狱后已 70 多岁高龄的褚时健并没被残酷的现实打倒，而是在玉溪市新平县的哀牢山承包荒山种橙，在技术落后、设备简陋、严重缺水等各种恶劣环境的阻碍下，二老克服重重困难，种出了品质优良、享誉全国的褚橙。

肖生华对褚时健、马静芬夫妇的了解显然不止这些，他说他

在读中学时就开始崇拜褚时健，找来了很多资料仔细研读以期有所收获。而这个习惯一直延续到现在。不过，与褚马二老结缘还有另一个因由：2006年，在江西人民出版社工作期间，他在江西财经大学读工商管理硕士，并与几位做风投的同学做起了投资。

肖生华说，机会总是留给有准备的人。

2014年，褚时健、马静芬夫妇再次创业打造的褚橙庄园开业，马静芬发了两句感慨：一是她以前叫褚马氏，现在终于可以叫马静芬了，可以做点事了；二是回想一辈子，经历了太多人生的起起落落，所以她想把褚老做过的事情再做一遍。

当时，人在苏州的肖生华投资了玉溪的一个酒厂，他知道父亲早逝的褚时健人生中做的第一件事，就是靠着祖上留下的一个小酒作坊酿酒以供弟弟妹妹吃穿读书。于是，他从理性的经济人的角度出发，再加上他对褚老这段年少经历的感性认知，便认真严谨地准备了一份创业计划书寄给了褚马二老。没想到，收到计划书的褚时健、马静芬夫妇立刻就采用了，只是提出了一个条件：肖生华必须参与到褚酒庄园的管理中来。

作为投资人来说，有人采纳计划就可以完美地退出。褚马二老提出的这个条件本很难被投资人接受，尽管肖生华当时并没想过有朝一日会沉下心来做酒，但他没有犹豫，立刻就来到了玉溪。

2014年到2015年，是肖生华与褚马二老的磨合期，也是他的学习期。褚时健说他的人生信条是"凡事要讲品质"，肖生华奉之为圭臬。随后，负责营销的肖生华开始给褚酒赋能，用褚时健姓氏命名的褚橙被人们叫作励志橙，那么褚酒就要打造成创业者的励志酒、企业家的圆梦酒。

褚酒品牌的产品组成如今已构建两大品类体系：酱香型和清香型，二者在营销模式上也截然不同。清香型褚酒是肖生华及团队着力打造的一张云南的白酒名片，而酱香型褚酒却是依托于"褚马会"这个企业家社群，以圈层营销的方式拓展全国市场。肖生华说，之所以这样定位酱香型褚酒就是在做一件事——弘扬和传承"褚马精神"，将褚酒品牌所承载的这一极富社会正能量价值的精神文化，分享给更多的创业者和企业家。

## 回报母校，传递分享理念

随着创业的成功，肖生华的分享理念有了扎根的土壤，也有了回报母校帮助他人的能力。

2020年，母校筹备成立江西校友会，他积极参与并当选会长。在他的带领下，江西校友会积极努力地工作，很快就发挥了联络母校和校友凝聚"师大力量"的作用。2021年，他在王城后门的贡后巷创办了独具情怀的独秀峰酒业，为母校的学生提供创业的路和方法。同年，他捐资6万元，用于建设"王城文化创意产品中心"，提升母校的品牌形象和校园文化，也满足母校对文化创意产品的需求。2022年，他看见有些师弟师妹想创业但缺乏启动资金，便捐资50万元在母校设立"独秀峰梦想基金"，用于支持有创新理念并想付诸实践却缺乏资金的学生和团队，还根据获选者的意愿，进行后续的投资合作，项目分五年执行。

谈及母校，肖生华饱含深情他回忆道："23年前我背着书包第一次走出江西，来到了广西师范大学，独秀峰下。母校师大不仅教会了我专业知识，更用独秀精神引领我一路前行。从提前毕业，到入职工作，再到自己创业，无论顺境还是逆境，独秀精神都让我终身受益。"今天，他想告诉学弟学妹们，人生如路，途经荒漠才能走向繁华；人生如路，须历经曲折才能迈上坦途。希望学弟学妹们，在得意时宽以待人，至臻至善，懂得分享，勿忘来时路；在失意时，能抬头向上，保有斗志，不忘初心，传承师大独秀精神。

# 殷延东：从基层走出来的企业高级管理者

殷延东，广西师范大学经济管理学院（MBA）2001级校友。现任浙江禄森电子科技有限公司、上海禄森电子有限公司董事长，杭州妙联物联网技术有限公司总经理，广西师范大学浙江校友会常务副会长，嘉兴市山东商会理事。

**人生格言** 天行健，君子以自强不息！

## 开疆拓土的先行者

殷延东大学时学习的专业是应用电子技术，毕业后在一家军工企业担任技术员，负责仪器仪表方面的相关技术工作。干了两年后，他就想着自己应该出来到市面上走一走闯一闯，就从军工企业离职，选择到外面的民营企业工作。"选择出来的时候，有几家公司可供选择。当时面试我的就是初灵的创始人，说我非常适合他们公司，我就去了。那时候的初灵只有8个人，现在已经有近 2000 人了。"2000 年，殷延东加入了杭州初灵信息技术有限公司，担任生产部经理，成为公司的第 9 号员工，随之开始了他在初灵近 16 年的任职生涯。

当时初灵的主营业务是做通信接入网相关的设备产品制造和方案解决，负责骨干网、城域网之后到各个基站和企业的连接，从而实现网络通信连接的最后一公里。"当时公司小啊，我除了主要负责生产和对外的技术支持外，很多地方都要负责，需要什么就干什么，不会就学。"从 2000 年开始，国内的各大通信运营商进入快速的建设发展期，持续地进行更新和迭代，对国产化的要求也比较高。"我们当时发展起来的时间点跟华为、中兴是差不多的，只不过大家各自解决通信网络中不同的一些点。如果说他们负责解决的是骨干网、城域网上层，那我们当时解决的就是接入网下层，这样整个都实现了国产化通信网络覆盖。我们的合作伙伴主要是电信、联通、移动、广电这几家通信运营商。"

说到记忆比较深刻的阶段，殷延东表示，当属他从产品生产相关负责人转任为市场负责人的时期，开始负责对外的技术支持和销售两个板块。当时的初灵信息正处于上市前后，已经在国内打响了自己的品牌，根据市场业务的需要，也为了更好地服务各地运营商合作伙伴，需要在全国范围内组建业务和技术支持团队。"10 年时间，从华南的两广、福建、湖南、湖北到华北的山西、河北、北京，从西北新疆、甘肃、陕西到东北黑龙江、吉林、辽宁再到西南云南、贵州、四川、重庆，先后在 24 个省市设立了办事处，它们都是我手把手一路设立起来的。"对此，殷延东感到十分自豪。一个办事处从设立到正常运转再到成熟，短则一两年，长则三四年，有的可能四五年也不一定能完全发展起来。"当时也有困难的时候，比如刚开始人少的时候，一个员工进来好不容易带领了半年刚刚能够上岗，到了年底他如果感觉完成目标有困难就走了，又要从头再来。这样子反复是非常痛苦的。不过一个办事处成熟起来后就不怕了，走一两个人也不担心会掉链子。"

据他介绍，每个地区办事处刚设立的时候，初期肯定是没有业务量的，对人员稳定性就有很强的考验，因为没有业务量就无法完成销售额，就没有足够的提成拿，销售如果收入不能达标就很有可能熬不住。殷延东就是一个地区一个地区跑和带，给新人做培训，逐步建立各项规章制度，各个地区的办事处就是这么一点点熬出来的。当时招人的时候希望来的人可以既懂技术又懂业务，这样队伍发展起来后都能发挥作用，也方便管理。现实是，招进来很多都是偏技术型，不太懂怎么跟客户打交道，这样就需要殷延东去传、帮、带。"这个过程说实话还是挺痛苦的。"殷延东说到各个地区逐步把骨干培养起来后，这些骨干就可以继续带领后面的新人，不仅培养能力，也树立大家的信心。各个办事处就这样一点点建立了起来。而在公司培养起来的外派的人员就会好很多，毕竟企业文化一脉相承，有不少逐步成长为区域骨干。在初灵近十年的办事处设立过程中，对于在工作中应对销售体系和市场体系的各种复杂情况和困难，殷延东经常会感觉到力不从心，能力上急需大幅提升以应对各种管理的要求。特别是在2010年以后担任集团董事和市场总监之后，他觉得迫切需要提升自己专业的管理能力，于是就在管理团队之余，报考了广西师范大学MBA。在广西师范大学三年的MBA研读期间，他从广西师大众位老师和同学身上学习到了企业的各项运营和管理知识。

就这样，殷延东跟随着初灵一步步发展壮大，一人先后负责后端产品和前端市场两大方向；之后，又晋升为公司董事会董事、副总经理，走到了高级管理岗位上，并见证了初灵从不到10人的创业公司直至成为上市公司的漫漫征途和荣光。而初灵也从早先的几千万产值逐步发展到数个亿的产值。

## 中美博弈下的坚守者

上市后，初灵成为集团性公司，开始进行资源整合，根据战略规划和业务发展壮大的需要，集团有计划地对外进行投资。内心里一直埋着一个创业梦的殷延东，看到了这次机会，就想自己独立运营一家公司。"当时初灵发展壮大之后，也鼓励大家出去二次创业，集团会匹配股份，个人自己投资匹配一部分股份，相当于想出来独立运营的人，各自负责一个业务板块。"他坦言，当时也想看看能不能独立做一些事情。

于是，浙江禄森电子科技有限公司应运而生，殷延东成为这家新公司的总经理。浙江禄森属于初灵旗下负责生产加工和集成供应链交付的子公司，主要从事光通信设备、4G/5G 无线通信设备的生产与销售，一方面承接初灵各个事业部以及子公司的硬件设备生产，另一方面独立对外开展相关业务。"独立负责一家企业后，高度和以前是完全不同的，过去的一些经验可能就不适用了，对个人的要求也更高，需要与时俱进去学习新的知识。"在工作管理和学习中，通过不断和广西师大众位老师、已毕业的校友互动学习，殷延东大幅提升了自己的管理能力和认知视野。对此，殷延东非常感谢广西师大和老师们对他的帮助。

由于身处通信领域，殷延东和浙江禄森也不可避免地受到了国际形势对整个行业的影响和冲击。2018 年，公司年产值已有 1.5 亿元左右，其中约有三分之一是出口欧美。之后受国际形势影响，出口量下滑。"因为新冠肺炎疫情的不确定性，从 2021 年起，我们就开始战略收缩，现在的产值规模只有之前的一半左右。"殷延东表示，公司一方面以给国内客户提供业务解决方案和生产加工为主，实行"轻量化"运营；另一方面，公司坚持保持以 5G 为核心的相关前沿技术和产品的研发。"现在华为、中兴这些企业在 5G 方面的技术都在争取国产化。中国在这方面的制造能力是完全没问题的，并且也有一定的研发能力。当国内大规模上 5G 时，我们就可以立即跟上。"

在浙江禄森之外，殷延东还在初灵创投的支持下，于 2014 年和初灵信息研发项目负责人王永飞共同成立了杭州妙联物联网技术有限公司，为家电行业提供物联网"智能家居"整体解决方案。"智能家居这个概念本质就是建立在物联网平台和网络通信相关技术和设备基础上的。"据他介绍，基于全屋智能的实现，例如出差时也可以通过手机查看家里的冰箱还有什么菜、保质期还剩几天，是否需要下单购买；又或者在下班前，提前把热水器打开，让扫地机器人开始工作，把窗帘关上，等等。"我们目前的合作伙伴主要是各大家电、家居类的企业，为他们提供上云服务（阿里云、京东云、腾讯云、亚马逊云、小米云、苏宁云等）和物联网平台，实现各种家用电器的智能化升级。"据了解，格力、海信、TCL、松下、方太、火星人、创维、扬子、阿里、京东、华为、小米、亚马逊、腾讯等知名企业均是妙联的上下游合作伙伴。

"杭州妙联目前还处于创业公司阶段，前期一直都在做各种链接软件、应用技术软件的沉淀，争取今年到明年向产业资本开放以便加速发展。"殷延东介绍，在家居家电方向，每一个细分产品的领域都有很多的知识需要学习，而和妙联打交道的都是这些细分领域的翘楚，想为他们提供技术和服务，就必须先了解他们。对此，他也很感谢在广西师大学习时养成的习惯："走到哪里，都不要忘记求学新知识，天行健，君子以自强不息！"

对于未来，殷延东很有信心："我一直希望的是和大家一起实现共同的价值，用物联网和通信技术的概念来形容，就是希望和我们的合作伙伴们真正地实现'万物互联，合作共赢'，大家紧密协作，为国家产业的进步贡献自己的一份力量，同时能够互相成就！"

# 彭骏：致力文化延续的
# "非遗"传承人

彭骏，广西师范大学体育学院 2001 级校友。2009年，他为了研究国家一级保护植物金花茶的繁殖保护以及开发利用，成立屯平金花种植繁育保护基地和金花茶专业种植合作社，担任总经理一职；成立广西钦州观山艺术文化有限责任公司，研究和推广国家非物质文化遗产坭兴陶。

**人生格言** 拼搏出精神，奋斗出真知。

从花匠到工匠，彭骏大学毕业后，尝试了许多份工作，因为皆是自己感兴趣的事物，所以他愿意投身到鲜为人知的行业中去，十几年的努力，让他在多个领域都取得了出色的成绩，虽然鲜花与荣誉加身，但他却表示："我对自己的定位就是一个普通的匠人。"

## 开办合作社来保护金花茶

大学刚毕业的时候，彭骏像很多同学一样选择考公务员，他也不负众望考上了公务员，但是由于家里母亲需要照顾，以及工作地点离家较远，彭骏在重重考虑之下还是放弃了这份工作。后来在偶然的一次机会中，他接触到了金花茶种植，由此进入这个行业。

彭骏表示，金花茶是国家一级保护植物，被誉为"植物界的大熊猫"，但那个时候金花茶已经是濒危植物，而且当时也很少有人工种植的金花茶，恰好自己老家钦州市的十万大山有许多的野生金花茶，所以自己就回老家捣鼓起了金花茶种植。

想要人工种植金花茶，就需要将野生金花茶驯化，但由于并没有太多成功繁育金花茶的案例，彭骏只能自己去探索。在摸索中，他渐渐掌握了金花茶喜阴等习性，后来，彭骏发现山沟上有许多的荔枝树，这些荔枝树数目多且高大，形成一片片的绿荫。他就依据金花茶的习性，尝试将金花茶种植在荔枝树下，而这种荔枝树下种金花茶的林下种植方式，也是彭骏他们先做起来的。他们先从一亩开始种起，成功了以后，就扩大种植面积，很快屯平金花种植繁育保护基地成功建立起来，随后金花茶专业种植合作社也成立了。

基地与合作社的成立，离不开政府的支持，由于当地政府支持农村发展，每年都会给彭骏的基地和合作社提供一些帮助，而基地和合作社也带动起附近村民务工就业，村民再通过劳动务工和自身种植经营获得收益，同时帮助基地和合作社创造良好的经济效益和社会效益，实现合作社与村民双方的合作共赢。现如今，金花茶整个种群有所恢复，彭骏的基地和合作社也依旧在为种植金花茶而运营着。

## 专注研究坭兴陶古法烧制技术

在合作社欣欣向荣的时候，彭骏却转身投入了坭兴陶的行业中。彭骏表示，钦州坭兴陶是中国四大名陶之一，用柴火烧制的坭兴陶技术也被国家列入非物质文化遗产名录，而自己从小在钦州长大，所以耳濡目染下，就喜欢上了坭兴陶这个东西。

几十年前，大部分坭兴陶还是用柴火烧制而成的，由于柴火烧制的窑变率远不及用电烧制的坭兴陶，随着时间的推移，大家也都逐渐习惯用电来烧陶，因此很多用柴火烧制的坭兴陶厂都解散了，但彭骏不愿意这样一门老手艺被遗忘在历史的长河之中。

　　而说起彭骏进入坭兴陶行业，还有一段趣缘。彭骏以鱼会友，结识了一位钦州坭兴陶厂的老厂长，这位老厂长就是朱克中。1977 年，朱克中因为突出的能力，被钦州坭兴陶厂选送进景德镇陶瓷学院，就读美术设计专业。现如今，他潜心钻研坭兴陶制作四十余年，对坭兴陶的原料以及制作过程颇有见解。

　　在与朱克中成为朋友后，彭骏询问起坭兴陶的历史，朱克中告诉彭俊，现在柴火烧制的坭兴陶很难再看到，因为大家都是习惯性地用电烧，而且烧窑的环境非常辛苦，没有多少年轻人愿意吃这份苦。而面对彭骏强烈的求学欲望，朱克中表示，如果彭骏愿意学，自己就愿意教。朱克中是个非常专注学术的人，彭骏受其影响，也淡泊名利，隐于钦州市的沙窝村内，立志掌握柴烧坭兴陶的技术。

## 为文化的传承奉献自己的力量

　　2022 年是广西师范大学建校 90 周年，为了献礼母校，彭骏带领团队 4 人设计、造型、烧制，耗时两个月将坭兴陶注入编钟的模型，共做了 9 只编钟。这次坭兴陶的创新，是多重文化的交融碰撞，制作完成后也引起了行业内的关注。

　　坭兴陶的亮点之一是窑变。窑变后的自然陶彩斑斓绚丽，但要让每个陶瓷的颜色都相近却并不容易，"哪怕是放在一个窑里面烧，它位置不同，颜色也不能统一。所以说，每一个陶坯都要放在同一座窑的同一个位置上，因此这 9 只编钟是分九次烧成的，这样它们的色彩才能够统一，呈现出古朴的青铜色，这些规律其实都是在制作当中，我们慢慢摸索出来的"。

　　彭骏一直以"拼搏出精神，奋斗出真知"作为自己的人生格言，他也一直在认真践行着。为了精准把控烧窑时间，在制作陶编钟之前，彭骏已经做了六次实验，用了大半年的时间来磨合，光试验品就有上百个。而在彭骏看来，自然力量的不确定性，才是柴烧坭兴陶的独具魅力之处。

　　彭骏制陶、烧陶，并用自己的文字记录下坭兴陶柴火烧制的技艺。彭骏能感受到，很多传统文化正慢慢被大家遗忘，他觉得自己应该去保留这些老祖宗留下的东西，让以后的年轻人能够看到古人的智慧。此外，他也勉励所有广西师范大学的学弟学妹们："祝愿每一位学弟学妹在未来的岁月里，不断超越自我，追求卓越，成就非凡。希望你们的人生之旅，如同一本精彩的书，每一页都充满着惊喜和成长。"

# 朱建兵：志存高远，梦想飞翔

朱建兵，广西师范大学文学院 2002 级校友，曾任报社记者、中学教师，后华丽转身投入商海，创办广西志飞翔家政管理有限公司、志飞翔教育集团。多年来她初心不改、肩担使命，曾获得广西女企业家协会授予的"爱心企业家"、玉林市"三八红旗手"等荣誉称号。

**人生格言** 志存高远，梦想飞翔。

皓月当空，夜深人静，夜幕安抚着一个个疲惫的灵魂，编织着一个个温柔的梦境。但广西志飞翔教育集团董事长朱建兵的书房里却还亮着灯，她正在电脑前工作。这是朱建兵的居家常态，全年无休，日均睡眠只有五六个小时的她需要谋划学生的培养和学校的发展。

## 为责任转身

1997 年，朱建兵从广西师范大学文学院毕业，进入广西教育杂志社做了一名记者，后又去了北流市永丰初中当老师。也许是这两段并不长的从业经历给了她沉甸甸的责任感，2009 年，在看到下岗失业人员大幅度增加，就业形势非常严峻，那些没有一技之长的低学历者纷纷被淘汰后，她创办了北流飞翔、玉林飞翔两家职业技能培训学校，后创办广西志飞翔家政管理有限公司、广西志飞翔教育集团。

从一名老师到自己创业，对朱建兵这位年轻的母亲来说，个中艰辛可想而知。"那个年代，初中生辍学很常见。很大一部分是经济困难所致，为缓解家庭经济压力，让孩子早早务工贴补家用很常见。"如今说到这段经历，朱建兵并没有去感叹自己多么的坚强，只是感慨地说，没有学历，没有技能，更没有工作经验，这些孩子能从事什么工作可想而知！

"志存高远，梦想飞翔。"这是广西志飞翔教育集团名字的由来，也是朱建兵为学子们求学圆梦而创业办学的初衷。

十多年过去了，广西志飞翔教育集团以高等学历教育为基石，先后与广西中医药大学、广西师范大学、桂林理工大学、西南大学等 20 多所高校结盟，形成强强联盟、颇具规模的优势。她在全国各地开设了 16 所分校和子公司，成为集成人高等学历教育、医疗培训、干部培训、教师培训和公职考前辅导、职业技能培训、家政服务、人力资源、网络科技等于一体的大型教育培训服务连锁机构，为众多没有学历或没有技能的人提供了用知识改变命运的机会。

## 授人以渔，双向成长

初中没毕业就辍学去务工的现象，在十多年前的广西并不新鲜。当时，朱建兵请的保姆苏水凤就属于这种情况。从苏水凤身上，朱建兵意识到授人以鱼只能救人一时之急，只有授人以渔才能解人一生之需。要彻底解决他们的问题，必须帮助他们掌握一门技能，获取立身资本，才能在社会上稳拿竞争的胜券，实现自身的最大价值。基于这种理念，她在思想上帮助苏水凤，在经济上资助苏水凤，让她先后读了中专、广西师范大学函授大专和本科，还参加了育婴员、保育员、面点师等职业技能的培训。最后，还让她成为志飞翔教育集团的骨干教师，工资从月收入几百元提升到几千元，被评为"广西最美家政人"。

苏水凤只是志飞翔教育集团众多学员的一个缩影。朱建兵很注意根据学员的特点因材施教，不断挖掘他们的潜能，以期他们能顺应时代的发展，提升自己的人生价值。办学十多年来，她用这种理念，从保育员、育婴员、养老护理员，到茶艺师、面点师、直播电商人才，共培育了数以万计的技能人才，拓展创业的空间，扩大就业的渠道。

从迷茫学员的奋斗中朱建兵不仅看到了办学的意义，还从他们的成长中看到了自己的价值，从而更加坚定了自己的办学理念和进取精神，更加努力学习，提高自己。这是双向共生、双向成长，既帮助了学员，又促进了自身的进步。

## 家国情怀的担当

从教育观察者到教育实践者，再到教育创业者，朱建兵一路走来靠的就是一种责任，一种担当。她很清楚，她的责任和担当并不止于她的学员，还有更多的人。于是，在她的带领下，志飞翔教育集团积极承担社会责任。在精准扶贫、乡村振兴中，她着力通过集团自身服务转型的升级，加强对贫困劳动力、失业人员、转岗职工、大学毕业生、退伍军人的职业培训，帮助无技能的劳动者掌握一门技能，扩大城乡剩余劳动力就业的空间，为社会创造更大的价值；还通过资金帮扶、就业介绍、平台搭建等形式，建立"互联网＋家政"的机制，把就业信息和人才培训的体系覆盖到最基层。去年，她还走出广西到广东湛江建立志飞翔职业培训学校和家政公司，为两广及大湾区输送各类职业人才。

在家乡北流，朱建兵担任了女企业家协会及妇女儿童关爱协会会长，并积极带领女企业家们为当地贫困女生助学；同时，她也是广西师范大学玉林校友会常务副会长，今年还资助了几位考上母校的贫困女大学生。

此外，2014—2023年，朱建兵还带领集团和当地女企业家协会先后参加了救助白血病、关爱留守儿童、帮扶蒲公英之家、替农村贫困儿童建档立卡等多项活动，并捐赠数十万元。2020年抗击疫情的战斗打响后，朱建兵又带领集团公司和当地女企业家协会为抗疫一线的工作人员捐了十几万元资金及物资。

"没有国哪有家呀！"朱建兵表示，家国是一种情怀，更是一份责任、一份担当。朱建兵也因此先后荣获广西女企业家协会授予的"爱心企业家"及玉林市妇联授予的"2019年度三八红旗手"等称号。

# 姜钧懿：新时代教育事业的推进者

姜钧懿，广西师范大学社会学系 2002 级校友，曾任中学老师、大学辅导员，现任三亚肖申克文化传播有限公司总经理、南宁圣殿农业科技发展有限公司总经理、孔雀西南飞专家、广西师范大学海南校友会会长、海南战略发展研究会副会长、桂林市第六届政协委员等。

**人生格言** 知人者智，自知者明；胜人者有力，自胜者强。

　　"知人者智，自知者明；胜人者有力，自胜者强。"以这句话为格言的姜钧懿一直奋发努力，不断突破自我，在人生道路上攀上了一个又一个崭新高峰。2006 年，他毕业于广西师范大学社会学系，随后在桂林中学担任政治教师与团委书记。满怀教育情怀的姜钧懿在工作期间，勤恳认真，开拓进取，其间参与编写了《企业战略管理》等书，荣获国家创新型优秀教师、桂林市优秀团干等荣誉称号，并参加团中央宣传部组织的理论骨干培训班学习。

　　2008—2011 年，姜钧懿任三亚学院辅导员。之后，他创办三亚肖申克文化传播有限公司。同时他也刻苦备考，于 2012 年考入厦门大学金融专业研究生班。如今，姜钧懿担任三亚肖申克文化传播有限公司总经理、南宁圣殿农业科技发展有限公司总经理等职。

## 热爱教育，潜心育人

自大学毕业，满怀热情的姜钧懿就投身至教育工作。担任人民教师的这几年，不仅让他积累了丰富的从教经验，更让他内心涌动起一种想将优秀教育成果播撒到更广范围的渴望。于是，在自己母校广西师范大学"尊师重道、敬业乐群"校训精神的感召和激励之下，姜钧懿创办了肖申克文化传播有限公司，并立志做一名海南本土优秀教育的传播者。

在姜钧懿的带领下，肖申克文化传播有限公司始终秉承文化育人的教育理念，关怀学生，培育学生，推动社会教育进步。企业云集了优秀的教师团队，团队成员大部分都是教龄时间长、在一线任教过的优秀退休老教师。老教师退休后不满足自己生活清闲的现状，想继续在本专业上发光发热，姜钧懿便推出"边工作边旅游"的优厚政策，鼓励他们来三亚继续工作，为三亚的文化教育事业发光发热。

另一方面，姜钧懿认为，培训教育是学校教育的辅助，选择教师方面仍要注意把关，教师的教育理念、专业性、职业操守缺一不可。于是他率领企业，致力于让老教师带动新教师，促进新教师进步，同时做好课程的研发和研究，改善并创新教学方法，让企业从一个主打高中培训的教育机构，一步步走向成人教育、党建培训等事业。对于企业的品牌塑造，姜钧懿也尤为注重。在他的领导下，企业通过客户不断积累口碑，建立品牌文化，做好党建工作，以党建精神引领品牌精神与文化，全心全意为"客户"服务。

此外，姜钧懿热衷公益，乐于奉献。在他的领导下，企业自成立之初，就开始支持社会公益活动，开展了对吉阳区的支教、乐群公益等活动，而且还优化了乡镇小学的外语课程，为其提供外教支持。

时至今日，姜钧懿率领公司至少培训过 6000 名以上的学生，帮助了其中很多人完成了大学梦想，更有很多去了理想中的大学，同时也培养了许多优秀老师，给予他们磨砺和成长。2021 年，伴随国家"双减"政策出台，姜钧懿响应政策，适时调整企业发展方向，他表示："我们企业必须力求转型，把中学教育转移到成人教育、社会教育。目前来说，这还只是个开始，未来我们将继续努力，承担起全社会的教育责任！"

## 心系母校，奋发前行

十年树木，百年树人。姜钧懿在做好本职工作的同时，不忘母校培养。回忆起在广西师范大学的四年时光，姜钧懿有很多的人想要感谢。他要感谢他的辅导员，兼任班主任的蔡慧玲老师，感恩蔡老师给予了自己许多包容理解。他也要感谢他的毕业论文指导老师周超老师，感恩周老师对自己学业的辛勤指导。大四时，在李家元院长的支持下，母校给予了姜钧懿一次宝贵的实习经历——在化药学院的创新中专执教。实习期间，姜钧懿担任了很多课程的教学，因为课程量大，姜钧懿每天两点一线，不是在图书馆积极备课，就是在教室教书育人。正是这一年的实习磨砺，让姜钧懿收获良多，为姜钧懿后续找工作带来了很大帮助，使他成为班上第一个找到工作的毕业生。

毕业之后，姜钧懿依然同母校保持着深刻的情感联结。他来海南工作奋斗，便是经由一位师兄引荐。师兄的真心陪伴与帮助让姜钧懿深受感动。后来，姜钧懿开始创业，一个师大的校友给予他最无私的理解和支持，帮助他度过了创业艰难时刻。他对母校也无时无刻不心存感念："学校给予我优秀的资源与平台，尤其是在学生会工作那几年，我充分发挥了自己的特长。在我创业时，学校也给予了授权和信任。"

于是，在姜钧懿创业第二年，他就创立了海南省广西师大校友会，经过多年努力，海南师大校友会成功注册。如今，创业已过数载，姜钧懿遇到了形形色色的人和事，但是内心深处对校友和母校的感激之情只增不减。

从踌躇满志的意气少年，到学生成长路上的引路明灯，再到新时代教育事业的推进者，一路拼搏行来，姜钧懿有过欢笑，有过汗水。谈及创业过程中遇到的艰险困难，姜钧懿直言："创业本身就是个很艰苦的课程，困难每时每刻都存在。但有句老话说得好，'关关难过关关过'。我相信，无论什么困难都有办法解决。"

筚路蓝缕启山林，栉风沐雨砥砺行。在母校文化与校训精神的熏陶下，姜钧懿始终秉承先做人再做事的思想理念，时刻铭记"教书育人"初心与使命。未来，姜钧懿将继续带领企业，一步一个脚印，在新时代教育事业推进的道路上，留下自己砥砺前行的拼搏印记。

# 贵尚明：在学前教育领域奉献力量

贵尚民，广西师范大学经济管理学院 2003 级校友，现任广西博童教育发展有限公司总经理、广西师范大学南宁校友会副会长兼秘书长、广西仁人社会工作服务中心理事长、广西教育学会早期教育专业委员会副理事长、广西教育装备行业协会常务副会长兼学前教育装备分会会长、中国—东盟学前教育协同创新发展中心执行主任等。

**人生格言**　行动本身可以突破一切障碍。

贵尚明出生于享有"川北重镇、剑南名都"之美誉的历史文化名城、巴蜀名城四川三台。高三时加入中国共产党，2007 年毕业于广西师范大学经济管理学院经济学专业，现任广西博童教育发展有限公司总经理，专注学前教育领域。

## 在校创业，小试牛刀

大学二年级时，贵尚明就组织一帮同学成立了创业团队——桂林飞天学生商务中心，成为同学中的创业先行者。团队创办了全国最早一批校园直投（DM）杂志之一的《第一资讯》，每月编印 2 万册，免费赠送给桂林的高校学生。大三时，他正式注册成立了桂林世纪飞天商务有限责任公司，成为桂林大学生创业园首批 7 家入园企业之一，主要从事校园营销和品牌传播。大学期间，贵尚明便展示出他的创业能力。2008 年受经济形势的影响，他和他的团队不得不忍痛中断创业，在团队伙伴商定好各自的发展方向后，他选择到企业锻炼。

## 职业转型，偶入学前

2008 年年初，贵尚明投了人生第一份，也是唯一的一份求职简历，入职德资企业——拜尔斯道夫（中国）个人护理用品有限公司，担任渠道 / 区域销售负责人。8 年后，即 2015 年，他决定突破自己，寻求新的事业机会，离开了拜尔斯道夫。

一次偶然的机会，在南宁国际会展中心的一个展会上，他看到一款幼教信息化平台产品。当时正值身边的朋友时常聊起孩子"上幼儿园难，上幼儿园贵"的事，自己的女儿也刚好准备上幼儿园，他觉得幼教这个市场很有前景。贵尚明便在随后举行的招商说明会现场刷了银行卡，成为区域代理商，正式踏入学前教育行业。

"博闻强识而让，敦善行而不怠，谓之君子。" 2015 年，贵尚明成立广西博童教育发展有限公司，开启学前教育领域行业专业化服务的探索。他坚信，随着一个行业的不断发展成熟，行业分工会越来越细，也会越来越专业。

## 单点突破，逐步成长

在贵尚明看来，不管是公办幼儿园还是民办幼儿园，都是围绕着孩子的健康快乐成长，以孩子的安全为前提，通过科学专业的保育教育活动，使孩子得到更好的发展，为未来奠定基础。因此，作为定位于学前教育行业的服务商，博童教育最初选择的幼教信息化平台，基于园所和孩子的安全，围绕当时幼儿园安全管理、家园共育和特色打造等三大主要需求，架构的产品商业逻辑，迅速拓展市场，在行业里占有了一席之地。经过数年发展，博童已经发展成为一家专注学前教育领域的综合型教育服务机构，业务包括托幼机构的规划设计、教育装备、课程建设、师资培训，以及院校学前教育相关专业的实训室建设和学科建设等。

## 专业引领，持续迭代

博童教育在贵尚明的领导下，突破种种困难，逐步走上正轨，不断成长壮大。除了位于中国（广西）自由贸易试验区南宁片区核心区域——五象总部基地的总部外，在桂林、成都、深圳、广州等地均设有分支机构。公司从 2018 年开始出资创办北部湾幼教论坛，一年一届，疫情防控期间也没有中断。每届公司都是耗资几十万举办，也是公司每年固定的预算支出。这对于中小企业来说还是有些吃力的，但它为行业提供了一个沟通交流的平台，对于品牌的塑造和提升、行业发展的贡献都是很有意义的，这些是无法用金钱来衡量的。

博童还专门设立了自己的教育研究院，每年投入大量的资金用于教科研，参与了多个省市级课题研究和多项国家行业标准、地方标准和行业团体标准的制修。博童教育的课题也荣获了中国教育创新成果奖和自治区级教学成果奖等。

## "为会而生"，家国情怀

经常有人说，贵尚明是"为会而生"，大学是学生会，毕业是校友会，还有商会和行业协会。由于热心行业事务和公益事业，广结善缘、以诚相待、组织协调能力强的贵尚明，在事业发展的同时，也得到了专业和行业的认可。如今，除了任广西博童教育发展有限公司总经理，贵尚明还担任广西教育学会早期教育专业委员会副理事长、广西教育装备行业协会常务副会长兼学前教育装备分会会长、广西民办教育协会学前教育专业委员会副理事长、中国—东盟学前教育协同创新发展中心执行主任等社会职务。每一份荣誉的背后都留下了他奋斗拼搏的脚步。正如他自己所说，人一定是要有理想和信念的，要善于转化并付诸行动，行动本身可以突破一切障碍。

博童教育还小，正处于发展期，未来依然会有很多问题去面对、去解决，但企业有自己的社会责任，博童也不例外。博童自成立之初，就定位为一家社会企业。它发起广西幼教志愿者服务团，举办"博培计划"，积极参与产教融合、教育帮扶、乡村振兴、疫情防控等。疫情防控期间，博童向教育主管部门和学校捐赠防疫物资价值近50万元。2021年领捐30多万元筹集教育设备，助力文秀幼儿园开园，为时代楷模圆梦。公益培训师资累计超过5万人次，帮扶超过150所乡村幼儿园。2022年广西师范大学90周年校庆时，向母校捐赠100万元，设立"博童乡村学前教育发展基金"……博童教育在自己的能力范围内，用心用情来回馈社会。

## 感恩母校，笃定未来

谈到母校，贵尚明说："母校对我的帮助实在太大了，三言两语无法表达。如果真要描述一些，那可以说母校给了我知识，给了我本领，给了我事业，还给了我爱情和家庭。"令他感触最深的是，他的辅导员郭长璞老师和蔼可亲，温文尔雅，对待学生像妈妈一般。毕业至今，他们依然保持着密切的联系，每年都会见上一面，聊聊近况，谈谈理想，了解班级同学的情况……对母校的感恩，转化为他对校友工作的持之以恒。他积极组织、凝聚团结在首府南宁的校友们，从驻邕学干联谊会，到青年校友会，到校友企业联合会，再到新一届的南宁校友会，十余年校友工作的探索和实践，成为母校校友工作的一面旗帜。

教育是人与人相遇最美好的事业。经济社会进入高质量发展的新时期，儿童优先、儿童友好、普及普惠、安全优质已成为社会共识。对于未来，贵尚明表示，他会带领博童教育在学前教育领域继续探索，继续努力，不断前行，紧跟时代的步伐，提高认识和站位，迎接新挑战，抓住新机遇，用专业、高效、优质的服务，助力新时代学前教育事业的高质量发展。

# 苗勇：抓住时代机遇，实现人生价值

苗勇，广西师范大学体育学院 2003 级校友，现任北京三和晨光轨道交通科技有限公司董事长，同时担任多地市行业协会副会长及发展顾问、多地市公共资源综合评标评审专家库专家等职务。其企业多次获得"创新优秀企业""科技创新单位""就业育人共建单位"等荣誉。

**人生格言** 人生无捷径，走好每一步。真真地看见，真真地表达。

进入 21 世纪，我国国民经济快速增长，物业管理行业也展现出强大的生命力。广阔的发展空间，持续的发展前景，强烈的现代气息，使其被公认是一项"朝阳产业"。无论在理论上还是实践上，行业均有诸多亮点和突破，特别是在国家对房地产业实施宏观调控政策的大背景下，物业管理行业仍然保持了平稳且较快的发展。在这样的社会环境下，苗勇对其有着自己的思考。

## 抓住机遇，踏入物管行业

苗勇，1985 年出生于陕西西安，广西师范大学毕业后从事教育教学工作，目前主要担任北京三和晨光轨道交通科技有限公司董事长，角色的转变就是他奋斗的历程。

生性具有探索精神的他注定不会一直待在一个平凡的岗位上，他爱奋斗，爱拼搏，不甘平庸。2010 年 6 月，在充分思考和准备之下，年轻的他辞去工作，踏入物业管理行业，正式走上创业的道路。

不断开拓进取，勇于创新，这是苗勇创业成功的诀窍之一。2010 年成立第一家物业管理公司后，凭借经营第一家公司的经验和优势，苗勇又先后在全国各地成立了多家物业管理公司，2016 年更是随着国家发展战略开辟了公司第二战场，成立了轨道交通科技公司。

苗勇的物业管理公司主要以轨道交通地铁、车站、车辆段等综合服务为主，科技项目有车站空间服务安全模型共享平台，大后勤服务项目主要有车站日常清洁养护、车辆清洁架修养护、车辆段安保服务、清洁服务、绿化养护、虫控消杀、工程维修、干洗服务、公寓管理等服务。公司以"让中国轨道交通更洁净更舒适更安全"为使命，以"科技改变服务"为核心理念，持续专注于企业和行业信息化领域的创新，而且在新一代技术及行业应用创新方面，几乎与全球同步。同时，基于更加理解中国清洁行业的优势，通过产品迭代落地构建了全新的行业服务产品体系，使服务层级从企业级走向行业级。

苗勇的公司为何能一步步发展壮大？这与其自身的努力分不开，更依赖于经营理念的先进。多年来，苗勇一直秉持"客户价值、创新赋能"的价值观，让公司在行业中一直处于领先地位，企业连续多年得到地方政府及客户高度好评，并且获得"创新优秀企业""科技创新单位""就业育人共建单位"等多项荣誉。苗勇还是一位善于学习、具有全局视野的企业领导人，对于行业发展主动承担职责，同时在企业管理中，非常重视人才引进和培养，鼓励引进新型人才，注重创新思维，引领市场拓展，不仅带领企业不断进行科技创新发展壮大，更为行业发展注入新科技、新智能、新服务理念。

对于企业所获得的成就，苗勇很自豪，却不骄傲。问及如何看待自己的成绩，他表示："创业的初衷就是想为这个行业做点什么，改变现有的传统模式。未来如果我有能力，我会带领团队去拿下一个个世界级目标，最终登顶；如果我能力有限，我会成为我团队的梯子，让大家踩着梯子登顶。"他永远不会满足于现有的成就，他在一直向前，一直努力。

## 努力学习才能实现自我

人在成就之下往往会开始迷茫，苗勇也不例外。2018 年，他的公司业务在全国急速扩张，虽然走在了头部，但他发现与自己的目标有点偏离，在一味地追求数据的呈现。于是他开始思考怎么办，开始不断问自己创业的初衷是什么，也非常担心自己的这种状态会持续下去，于是他开始学习和磨炼自己的意志。他用了一年的时间看了很多书，且是反复看，看着看着突然觉得好像自己找到了点方向。所以现在的苗勇相信，当一个人实在找不到自我的时候，就去努力学习，努力看书，努力才能够扭转你的人生，才能实现自身的价值，也才能不忘初心。

进入这个行业后，苗勇一直在不断地学习，充实自己，拓宽道路。谈到未来，苗勇认为，未来这个行业需要进行数字化升级，提供智慧物业服务平台，实现降本增效，提升核心竞争力。原因是 2020 年到 2021 年，国务院、住建部等主要部委连续下发了好几个推进物业服务行业数字化的相关文件，这几个文件的核心思想都是要加快建设智慧化物业服务平台，以智能物业服务平台为支撑，打通服务管理、政务服务、公共服务的通道，发挥服务企业专业、职业、敬业的优势。加上新冠疫情至少又将企业数字化的进程提前了好几年，所以他认为 2021 年是物业服务数字化转型的加速年。

## 敢于攀登，热爱生命

生活中的苗勇也是一个敢于挑战、勇于攀登的人。2023 年 4 月，苗勇与几名队员一起踏上了攀登珠穆朗玛峰的征途，经过一个多月，于5月15日成功登顶。他在攀登过程中，经历了一次次险难，一次次挑战生命极限。登上顶峰的那一刻他还是懵的，有一瞬间竟想不起自己这一路是怎么上来的，同时也被眼前景色震撼了。从山顶俯视下去，一侧的山峰绵延不绝被暴雪覆盖，另一侧就是祖国方向，是家的方向。然而他没有意识到的是，登顶后在暴风雪中下撤才是更艰难的，在十级大风中无数次面临危险，无数次面对死亡。在从某块大岩壁下撤的过程中，安全装备出现问题，发生滑坠；出现雪盲；在海拔8800米处陷入极度缺氧的困境中，他"睡着了"；遭遇堵车、低血糖等，可以说一直都在绝望中垂死挣扎。在经历两天下撤后到达海拔6700米时，他才终于从挣扎中看到了"新生"，是身、心、灵三重"新生"，终于成功地活着回来了！也是这次的经历，让他深深感受到人在自然面前真是太渺小了，要时刻敬畏自然、珍爱生命、热爱生活！

"人一生要见千千万万的人，遇见的事也随时在变化，每件事情，都是人生阅历中的宝贵财富，无论事情的结果是好是坏。"正如苗勇自己所说的，他珍惜生活和事业中所遇到的人和事，他热爱自己的生命，追求人生的意义，所以才有了如今的一番成就。

# 陆颜：不忘初衷，
## 勇做绿色环保行业先锋

陆颜，广西师范大学生物系 2004 级校友，现任广西华之南工程管理服务有限公司、广西华之南环保科技有限公司总经理，农工党广西区委联络专委会副主任，南宁市西乡塘区政协委员，南宁市环境科学学会副会长，广西师范大学校友会南宁校友会副会长。

**人生格言** 凡事预则立，不预则废。

环境影响评价、排污许可申报、环境风险应急预案、竣工环保验收、水土保持方案与验收、排污口设置论证等，都是华之南公司的主要业务，而这家公司的一切都离不开陆颜的悉心经营。她是广西华之南工程管理服务有限公司、广西华之南环保科技有限公司总经理，也是农工党广西区委联络专委会副主任、南宁市西乡塘区政协委员、南宁市环境科学学会副会长，还是广西师范大学校友会南宁校友会副会长。

## 蒙受启发的求学时光

热爱可抵岁月漫长。陆颜自小便对生物有着浓厚的兴趣，尤其是对动物和植物。在她的学习生涯中，她的生物成绩每次都接近满分。正是因为这份热爱，她在考大学时填报了广西师范大学的生物技术专业，并顺利入学。在广西师大的求学经历给她留下了不少难忘的回忆，谈及恩师李伯林，她表示，李伯林教授是自己的毕业论文指导老师，他被誉为"广西罗汉果之父"，主要从事植物细胞工程领域的教学、研究和开发工作。他在科研方面的成就令人敬仰，但更让人佩服的是他在教学上的严谨态度。他不仅是一位优秀的科研者，更是一位出色的教育者。以老师为榜样，陆颜时刻督促自己，保持对知识的渴求，燃烧对生物的热爱。她说："大学四年，我认真学习课程中的知识理论，更热衷于每一次的实地考察。把一次次的实际操作与理论知识相结合，从而见识到生物的奥秘，锻炼了自己的技能，这些都是大学时代的珍贵回忆。"

大二那年，陆颜去桂林市高新技术开发区，开始了那段对她未来职业选择影响最大的实习经历。根据学校的安排，实习是在一个污水处理厂学习，那是她第一次深入接触到环保工程。正是这一次的实习经历，让她跳出书本的知识框架，真正了解到如何把理论与实践相结合，认识到了生物技术与环境工程之间的紧密联系，也在她的心里种下了一颗绿色的种子。

一个全新的视角和方向，让陆颜看到了生物技术在环境保护中的无限可能，也为她未来的职业选择指明了方向。

## 潜心修行的深耕阶段

2008 年陆颜从广西师范大学毕业，她能力卓然目标明确，只身踏入技术咨询行业，在广州市环境保护工程设计院有限公司广西分公司担任助理工程师。最初的几年她潜心钻研，积累经验，开阔视野。她表示："公司当时因为处在一个崭新的行业中，所以业务发展得非常好。但即便如此，我仍认为年轻是我最大的财富，我希望能在最佳的年纪创造一些属于自己的东西。"于是她在 28

岁那年创办了自己的公司——广西华之南工程管理服务有限公司。万事开头难，起初公司的规模很小，只有几名员工。随着时间的推移，在陆颜坚持不懈的努力下，华之南逐渐壮大，员工不断增加的同时接到案子的难度也不断攀升，每一次的顺利完成都是对其公司实力的最好证明。

"在我服务的众多企业中，有一家公司的案例尤为难忘，因为他们与环保的关系紧密，也展现了如何在遵循环保规定下实现企业的良性发展。"陆颜提到，这一家企业的主要业务是废旧塑料回收加工，原先位于南宁市，随着城市的发展，他们的厂房面临搬迁的困境。更为棘手的是，这个行业在塑料清洗过程中会产生大量废水，但由于成本问题，很多企业并不愿意投资建设污水处理设施，导致严重的次生污染。在了解到这家企业的困难后，陆颜陪同业主考察了南宁周边的工业园，对照后者引进产业的要求，为该企业制定了一套严格的污染治理方案。经过不懈的努力，该企业成功落户南宁华侨工业区，并按照环评要求建立了污水处理站。他们不仅没有为园区带来任何污染，反而成为清洁生产的标杆，吸引了其他大型企业与其合作。

在陆颜看来，只有坚持环保才能为企业带来长远的、良性的发展。而其公司的任务，就是帮助更多的企业走上这样的发展之路。

## 播撒绿色种子的未来

"凡事预则立，不预则废"是陆颜一直以来信奉的人生格言，对她来说，任何事只有提前预见和准备，才能够立于不败之地，而如果忽视事物的前瞻和预防，就容易失败。在她眼中，一个企业的真正价值并不仅仅在于其盈利能力或市场地位，更在于它能为客户解决多少问题，为社会带来多少正面影响。因此，她坚信："帮助他人是我们自身发展的关键。在每一个挑战与机会中，只有心怀感恩、真诚为客户着想，才能赢得真正的成功。"

关于公司的未来，她也规划出了清晰的蓝图。随着经济和社会的不断发展，以及我国建设规划的转向，人们开始越来越注重绿色城市、绿色工业的打造。面对这一挑战与机遇，陆颜深感责任重大、任务艰巨，并立即着手规划。首先，她明确认识到技术是实现这一目标的关键，因而公司开始加大在技术研发与创新上的投入，与国内外的研究机构和高校加强合作，探索最前沿的环保技术。她希望能够引进、吸收并创新更多高效、低成本的减污技术，为我国实现碳达峰、碳中和目标助力。其次，积极拓展业务领域，不仅仅是传统的环保咨询，更要在碳排放权交易、清洁生产审核、绿色供应链管理等领域开展深入的研究和服务。这不仅可以帮助企业有效降低碳排放，更可以为其创造经济价值，使环保与经济发展实现双赢。最后，华之南一直视优秀员工为企业的珍贵财富。她带领着企业制定了一系列的培训计划，确保团队能够紧跟时代的步伐，持续提升自己的专业能力。

"道阻且长，行则将至。"陆颜以坚持不懈的精神和对行业的无限热爱，在环境保护行业不断践行她的理念。她所经营的华之南品牌公司也坚持以过硬的技术、完善的服务体系、科学的管理，来打造项目全周期咨询行业中的卓越品牌，始终不渝地秉承服务国家、贡献社会的企业使命，不断地为国家、企业、社会提供优质、高效、卓越的项目全周期咨询综合服务。

# 蒋波：深耕建材行业的创业者

蒋波，广西师范大学体育学院 2004 级校友，现任广西天梵贸易有限公司、广西京灼新材料有限公司总经理。

**人生格言** *凡是努力，不必苛求；凡事尽心，随缘即可。*

蒋波，2008 年从广西师范大学体育学院社会体育专业毕业后，先到广东跑业务，后来回桂林创业，再到现如今成立广西天梵贸易有限公司和广西京灼新材料有限公司。他用 16 年的时间，完成了从一名业务员到实业企业家的华丽蜕变。

对出身"草根"的蒋波而言，回桂林创业的过程，就是一个不断追寻自我价值，并创造长期社会价值的过程。这个过程中，有过徘徊、有过挣扎，但蒋波凭借着过往从业的经历，深入扎根建材行业，不断壮大自身，从做贸易到搞生产，终于在广西闯出了属于自己的一片天地。

## 在广西师大度过的快乐时光

"在广西师大，我结识了很多的朋友。"回忆起在广西师范大学度过的时光，蒋波总是有很多的感慨。对此，蒋波也向广西师范大学献上了自己最真挚的祝福："在广西师大求学的日子，是我人生经历中难忘的四年，这里有我们太多的回忆，太多的欢声笑语。感谢母校的培养，我衷心地希望母校能越办越好，能培养出更多的栋梁之材。"

回忆起过往的校园生活，蒋波介绍，在学校的时候，非常活跃，他那个时候还加入了学校的武术协会，为协会做了很多的事情，因此受到了同学和老师的认可，最后自己还当上了会长。他还坦言，自己是体育学院毕业的，现在从事的行业其实和大学学的专业没有太多关系，但是读书的这几年，自己认识了很多朋友，也是与朋友之间的往来，让自己在谈吐方面更加成熟，从而帮助他在毕业后更好地融入社会。

提起结交好友，蒋波想起，自己在体育学院的时候，大家都很讲究做人做事，尤其是对待老师，同学们都非常尊重。蒋波很自豪地表示，体育学院的同学们都很重情重义，自己的性格也受到这种氛围的影响。因为这个原因，在校园里，自己能够广交好友，在日后跑业务，或者是开公司的时候，这份友好的性格也发挥了积极的作用，帮助自己促成了一单又一单的生意。

母校的帮助，蒋波看在眼里，记在心上，他说："母校不仅是学习的地方，对于我来说，也是一个平台，因为我在桂林创业，母校的社会资源，还有一些同学和老师的资源，对我的人脉积累也有一定的促进作用。"

## 从跑业务到回桂林创业

"大学毕业后，我们专业的很多同学都去做老师，或者是去考公务员了，但是我家里条件不算好，所以我就想快点出来挣钱，于是跑去广东做业务员。"在创业之前，蒋波曾在金德管业集团广东分公司做了一年的业务员，主要的工作就是向客户推销塑料管道等。

攒了许多销售的经验后，蒋波还是决定回桂林，自己开家贸易公司。2010年，蒋波就成立了广西煌晟工贸有限公司，即天梵贸易有限公司的前身。如同许多"草根"创业者一样，蒋波在创业初期，并非一帆风顺，而是遇到了诸多的问题。第一道难关就是资金问题，蒋波坦言："创业起步的资金需要几万元，但我一开始没有那么多钱，就只能去找别人来帮忙。"

解决了资金问题，紧随其后的就是没有客户。蒋波回忆起那段时光，总是想起那一年的6月，天气很热，自己没有车子，大热天走了3千米，结果见客户不到一分钟。后来自己买了一辆二手电动车，在桂林的大街小巷跑业务，挨家挨户上门找生意。

在路上奔波，是蒋波创业初期的常态，而面对不同态度的客户，也是他工作的一部分。"我们公司销售的是环保管道、机械设备类，我就去五金店、建材店看看有没有需求，但很多客户会找各种各样的理由拒绝我。"经过蒋波的不懈努力，他的公司终于越过了创业初期的种种困难，培养出了老客户，也有了稳定的销售渠道，销售范围从桂林市发展到了附近的县里，业务也从上门推销进阶为工程项目。

随着公司规模的不断扩大，蒋波有了一定的资金基础，他就决定自己投资建厂，从贸易转生产。2018年，蒋波成立了广西京灼新材料有限公司，他说："我现在还是经销商，只不过我现在的客户不再是五金店这些，主要是一些建材贸易商。"

## 完成好工作就是荣誉

"凡是努力，不必苛求；凡事尽心，随缘即可。"这是蒋波一直践行的人生格言，十几年的工作经验，磨炼了他的心性，从初出茅庐的一腔热血，到现如今的成熟稳重，蒋波依旧会在生活中努力拼搏。但是对于一些荣誉奖项，他则表示，完成好工作就行了。

"每个行业有每个行业的游戏规则，我们建材行业，对于荣誉没有太多的讲究。"在建材行业树立名声，主要还是靠把客户的任务完成好。蒋波一直支持着这样的观点。他认为，无论是自己的项目，还是政府招标的项目，都需要去做好，这样大家才会认同自己，后续自然也会有很多客户愿意继续合作，甚至会有老顾客带来新顾客，而自己的关系网也能因此不断扩大。

近年来，蒋波很喜欢和一些年长的人交流。"和老同志聊天，是可以少走很多弯路的。"蒋波回忆，自己有一位忘年交，是位退居二线的老同志，他不仅会教自己一些生活上的经验，在工作上，他也教会自己该怎么做人、怎么做事，尤其是业务往来上，该如何处理一些人际交往的细节。而这些经验，对于蒋波来说，就如同及时雨，帮助他提高为人处世的能力。

"守少则固，力专则强。"蒋波在建材行业里持续深耕，面对一路而来的风雨，他并不畏惧，而是保持着"千磨万击还坚劲"的定力，他的岁月也因青春慨然以赴而更加美好。蒋波在忙碌的工作中，持之以恒，永不言败，他也最终赢得了鲜花和掌声，走向了属于自己的成功殿堂。

# 李磊：愿做伯乐，玉成其美

李磊，广西师范大学体育学院2006级校友，亿动篮球俱乐部创始人，国家一级运动员、中国篮协C级教练员。现担任山西省青联委员、闻喜县政协委员、运城市手球协会主席、闻喜县篮球协会主席、广西师范大学山西校友会会长、上海中体联商学院事业合伙人等。

**人生格言** 以诚待人，人人敬！以信办事，事事成！

2013年，李磊从广西师范大学硕士毕业；2015年，他创立亿动篮球俱乐部；2017年，他将时任中国男篮主教练的李楠及现中国篮协副主席徐济成等篮球界大咖请到闻喜，与之共同打造该县基层篮球文化，提高该县基层篮球水平。2019年8月，李磊发起与母校广西师范大学的合作，共同举办"中国桂林·全国青少年篮球公开赛"。时值暑假，来自全国20多个省市、26家篮球俱乐部的600多名青少年运动员同场竞技。2020年6月，体教融合，亿动体育与东镇中学深入合作，他邀请到时任中国男篮青年队主教练的张劲松来参加揭牌仪式。2021年4月至2023年5月，李磊在运城先后举办了三届全国体育教育创新发展大会，共有来自全国各地一百多家体培机构的负责人来到运城交流学习。2022 年 8 月，广西师范大学山西校友会正式成立，李磊当选校友会会长。

他说他希望用自己所学来让运城的青少年受益，让运城更多喜欢篮球这项运动的孩子们拥有获得专业培训的机会，让这些孩子能够通过篮球变得自信、阳光、快乐，进而为运城市的全民健身工作尽自己的微薄之力。

## 爱不忍释，乘风转舵

从小热爱篮球运动的李磊，2003 年被运城市康杰中学以篮球专业特招入高中，并担任篮球队队长，率领篮球队连续三年获得市运会冠军、省运会前三名。2004 年，他参加王非（前国家队队员、主教练）训练营，荣获最佳营员称号。2006 年，李磊以篮球特长生考入广西师范大学运动训练专业本硕连读，并于在校期间参与 CUBA 全国大学生篮球联赛，获西南赛区第三名。

李磊在篮球事业上的成长一直是披荆斩棘，原本的目标是成为像姚明一样的篮球明星，在球场上璀璨夺目，给社会带来积极能量。但在校期间他发现这条道路困难重重，相对于学院里那些身高 2 米的同学来说，1.83 米的他显得平平无奇，即便取得了一些成绩，但想要在这个行业脱颖而出却窒碍难行。家人希望他去考公务员，他不愿意也不甘心就此放下自己热爱的篮球，多少个夜里辗转反侧，梦里亮起的还是球场上的聚光灯。

于是他选择改变自己的方向，但始终没有放弃他的篮球梦。毕业两年后，他终于说服了家人，回到家乡开始了创业之路。他以"影响亿万家庭，快乐运动起来"为定位，成立了闻喜亿动体育俱乐部，招贤纳士，广泛招收篮球运动爱好者，做篮球的基础教育板块。

李磊说："我 2015 年创办亿动篮球，最开始只有 7 个孩子报名学习篮球，一个月之后有了 70 个孩子，最后到了 2016 年暑假班招了 200 人，很多家长建议我们开全年班，于是就开始了亿动篮球的事业。最开始我们搞亿动篮球并不赚钱，2018 年以后我放弃了其他赚钱的行业，专注于篮球教育事业，希望自己能带着一份热爱，也带着一份教育理念，去做好亿动篮球。"

## 奋发踔厉，连连告捷

带着对篮球的执着热爱，李磊所创办的亿动篮球事业越发向好，这些年来取得了不少粲然可观的成绩。

2016年8月，他被闻喜县政府评为"先进体育工作者"。2017年5月，他被共青团闻喜县委评为"优秀青年标兵"。他策划了一期全国性的篮球教练培训班——UCBA精英学院全国篮球教练员培训，吸引了全国各地28家篮球俱乐部的一百多名优秀教练员到闻喜县进行学习交流。他抓住时机，当即与前国家队主教练李楠指导和现中国篮协副主席徐济成老师达成合作，正式聘他们为高级顾问，为全县乃至全市未来青少年篮球培训战略布局打下了坚实的基础。那次培训受到中央电视台的关注，CCTV第五套节目《篮球公园》对其进行了跟踪和报道。

2018年、2019年，他获得"运城市青年篮球队教练""运城市优秀教练员"称号。2019年1月，李磊带着俱乐部优秀学员到篮球理念非常先进的塞尔维亚，进行了近一个月的探索学习。同年，李磊发起与母校广西师范大学的合作，共同举办"中国桂林·全国青少年篮球公开赛"。

2020年疫情暴发，一方有难八方支援，闻喜县亿动篮球俱乐部组织公益捐款活动，李磊首先捐款1万元。在他的带动下，113名社会各界爱心人士和球迷共计捐赠20698.8元。这是亿动篮球俱乐部带头，与社会各界人士一起共克时艰的证明，更是广大球迷对亿动篮球俱乐部信任及俱乐部凝聚力的体现。

2021年4月，第二届全国体育教育创新发展大会在闻喜顺利召开，李磊受邀参加。该活动指导单位是运城市体育局、闻喜县卫生健康和体育局，主办单位是亿动篮球俱乐部和上海中体联商学院，大会邀请到上海中体联商学院院长余正东博士前来作讲座，共有来自全国13个省的43家体教培训机构前来参会。李磊在大会上发言时表示，希望通过业内交流进一步掌握科学系统的管理方法和模式，为体育教育产业的创新发展蹚出一条新路。

2021年8月，亿动篮球俱乐部举办了"2021中国—运城EDBA全国青少年篮球公开赛"，来自全国15个城市22家俱乐部的400多名青少年参加了比赛。

2023年4月，亿动篮球俱乐部首次把国家级篮球赛事引入运城，承办CBA官方赛事"中国篮球发展联赛"，共有CBA山西汾酒队、福建浔兴队、北京首钢队、山东高速队、广州龙狮队、上海交大队等6家俱乐部参加。

2023年8月，亿动首次举办国际级篮球赛事，邀请到来自塞尔维亚、美国以及山西汾酒男篮三支俱乐部在运城再次上演篮球饕餮盛宴。

## 志存远方，不负韶华

"世有伯乐，然后有千里马。千里马常有，而伯乐不常有。"如今，亿动俱乐部学员近1000人，专业教练17名。这些教练都是来自专业院校的业内人士。亿动的教育理念是以篮球为载体，视教育为根本，俱乐部凭借着清晰的教育理念，专业敬业的教练团队迅速在当地乃至周边获得了良好口碑。除本地学员外，还有省内临汾、长治以及省外河南、陕西、河北等地，甚至较远的广东珠海的家长慕名将孩子送到这里学习。更令人欣喜的是，截至今年，亿动有近200名学生被康杰中学、闻喜中学等重点中学篮球特招入学。

在李磊的不断努力下，篮球这项运动不光在运城广受追捧，而且也带动了全国水平的提升。与此同时通过篮球对运城市体育形象的不断宣传，充分展现了运城市在体育领域的办会能力，也让更多人看到和了解到亿动体育的繁荣景象。接下来，他还会有更多行动，譬如创办业界权威的体育论坛，组织举办国家级、国际级篮球赛事，为更多的体育机构、体育人服务。

# 戴东辉：文化旅游新经济模式的打造者

戴东辉，广西师范大学历史文化与旅游学院 2006 级校友，现任桂林升辉旅游投资集团有限公司董事长、广西壮族自治区第十三届人大代表、广西壮族自治区人民代表大会外事华侨委员会委员、广西红色文化旅游协会会长、广西师范大学校友会桂林校友会副会长等。

**人生格言** 道生之，德畜之，物形之，势成之。

戴东辉，专注文旅投资开发和运营管理已经二十余年，在投身文旅事业的这段时光中，他一直信奉"道生之，德畜之，物形之，势成之"的道理。他还以自己的经历，勉励母校广西师大的学弟学妹们："人生的美好在于它有无数的可能，每个人都可以让它变成自己想要的样子，只要足够努力、心存善良、心中有爱、有家国情怀和担当、不负青春、不负韶华，就一定能让平凡的人生收获精彩的经历，实现自己的人生梦想！"

## 为独秀峰·王城景区倾注心血

独秀峰位于靖江王城内，因南朝文学家颜延之曾写下"未若独秀者，峨峨郭邑间"的佳句而得名。2001 年 9 月，戴东辉始创的佳辉公司（升辉公司的前身）与广西师范大学进行合作，保护性开发独秀峰·王城景区。独秀峰·王城景区也是广西师范大学的中心校址，也称为王城校区。二十余年来，他始终以"历史遗迹的守护者，历史文化的传播者，非物质文化遗产的传承者，红色文化的继承者"为使命，按照国家 5A 级旅游景区的标准，持续不断投入大量资金对王城园区内的基础设施和环境进行提升改造。为将广西师大王城校区打造成国家 5A 级旅游景区，他倾注了巨大的人力、物力和财力。

对于戴东辉来说，将王城校区打造成 5A 级景区，是一场不小的挑战，但他还是向公众交出了一份满意的答卷。

他率领团队将几十年从未清理的月牙池进行清淤，并全面加装月牙池护栏，还为景区修建了东侧门、月牙池、独秀峰三个生态停车场和月牙池、红楼两个电单车停车棚。为了方便师生和游客，景区内新建了月牙池公厕，同时也改造及新建了东侧门 2A 级旅游公厕、读书岩 2A 级旅游公厕、独秀峰停车场 3A 级旅游公厕等。他还在细节上下功夫，专门为景区修建了特色石板游步道及景区游步道，在红楼停车场规范划车位线并完善方向引导和停车场标识，加强景区的安防建设，通过不断完善安全监控系统，有效地保护了历史遗迹。此外，景区城墙上的大树也被清理得一干二净，年久失修的月牙池湖心岛也得到了很好的修缮。

值得一提的是，戴东辉还在王城和独秀峰丰富的历史遗存中，不断深挖王城深厚的历史文化内涵和多元文化内涵，提炼出"十大文化"，其中的红色文化、革命文化、廉政文化、抗战文化等内涵，在党员教育、廉政教育、爱国主义教育及研学教育等方面得到了社会各界的高度认可。

通过多年的努力，戴东辉领导的升辉公司成功将王城校区打造成了国家 5A 级旅游景区，使其成为了桂林历史文化的代表性景区。如今，"桂林山水甲天下，阅尽王城知桂林"已深入人心。景区自 2003 年开放以来，成功接待了大批国内外政要、社会名人、专家学者、国际组织官员等重要嘉宾，带动了周边历史街区的商业和文化氛围，逐渐形成了以靖江王城为核心的历史文化旅游商业聚集区。景区还受到了来访的国内外领导人、政要及旅游、文化、文物等专家学者的高度赞誉，也得到了社会各界的认可和肯定。

## 为建设桂林"名片"贡献力量

作为一名拥有丰富的文化旅游景区投资开发、运营管理的先进经验的资深从业人士，在桂林被打造成为世界级旅游城市的进程中，戴东辉既是亲历者、参与者，也是见证者。很多年前，他就对外表示，他会结合自己的企业的发展，夯实自身的基础，为桂林文旅发展贡献自己的一份力量。

在旅游景点的打造中，戴东辉非常注重中国历史文化和优秀传统文化的挖掘整理和运用，他致力于非物质文化遗产的抢救传承和宣传推广。同时，他还以自己多年旅游纪念品和文创产品的设计、开发、生产及市场推广的实战经验，为桂林的景区增添了一抹靓丽的色彩。

独秀峰·王城景区内历史文化内涵的成功开发，是戴东辉职业生涯中浓墨重彩的一笔。为此，他创办并经营管理的桂林升辉旅游公司先后荣获"国家服务业标准化示范单位"，广西首个"智慧化景区建设试点单位"、首批"广西旅游业标准化示范企业""广西文化产业示范基地""广西中小学生研学教育基地""广西服务业品牌"，以及桂林市首批"文化和科技融合示范企业"等资质和荣誉。

除了对非遗的宣传推广。他还积极推动广西红色文化旅游协会和桂林市红色旅游协会的组建成立。作为广西红色文化旅游协会会长、桂林市红色旅游协会会长，他组织挖掘整理广西红色历史文化资源，助推广西和桂林红色文化的传播，积极为广西红色文化旅游事业健康发展和规范管理建言献策，并精练成湘江战役、长征文化、抗战文化等 5 条精品红色主题旅游线路，2 条儿童红色旅游线路，1条研学线路和10多万字的《桂林红色旅游讲解词》，组织培训了桂林500多人次的红色文化讲解员，举办了多场红色故事讲解员大赛，创立"桂林红色文化大讲坛"，举办了面向市民及国内外游客的《红色师大》《红色王城》《红色桂林》《辛亥革命110周年、孙中山诞辰155周年、孙中山北伐100周年》等系列主题展，起到了良好的社会效益，积极推动打造"红色桂林"城市文化新品牌的建设。

## 为推动文旅融合敢于"吃螃蟹"

戴东辉曾先后负责和参与了北京恭王府、独秀峰·王城景区、西山景区的投资开发和运营管理，在深耕旅游行业时，他总是会遇到各种问题，但是他凭借多年的经验，敢于直面问题，不断尝试，攻克难题。例如，其开创了桂林彩色拓印技艺"王府秘拓"非遗项目及传承人企业化培养可持续发展的创新模式，填补了国家非遗项目的空白，并成为广西对外交流的文化使者。

作为中国旅游业发展历程的见证者，在文旅融合创新经营模式探索及研究方面，戴东辉有着深厚独到的见解和实践经验，他在文旅融合创新方面也被业内公认为行业的先行者、探索者和引领者。在多年的投资经营实践中，戴东辉早就具有了非常专业的景区策划、设计、开发、服务、经营管理能力，也培养出了优秀的投资经营管理团队。

作为自治区和桂林市引领旅游行业转型升级的代表企业，他的公司持续推进经营质量管理提升，成为自治区首个获得了"桂林市市长质量奖"和"自治区主席质量奖提名奖"的服务业企业。目前公司已经拥有了172项知识产权，这些软实力在公司的可持续发展中发挥了关键作用。

在疫情期间，旅游行业受到重创的情况下，戴东辉带领团队积极想方设法自救，多维度深度挖掘景区历史遗存中的红色文化、革命文化、抗战文化、廉政文化，不断拓展景区的文化内涵，丰富景区的精品亮点和知识点，不断创新景区观游内容和服务模式，在当今党员党性教育、学生研学教育、寻找民族文化自信及探源中华文明的全民教育中将发挥重要的作用。

## 为承担社会责任不断行动

作为一位民企经营者，戴东辉一直严格要求自己，守法经营，改革创新，努力经营好企业。2003年以来先后捐款捐物逾1000万元，其中给学校捐资达500万元，并为广西师大王城校区修建了五人制足球场和门球场，为育才校区运动场、雁山校区相思江的建设捐款。他的公司还专门成立了爱心基金会，不定期组织员工开展各类公益活动，包括看望慰问福利院的儿童、向贫困山区小学的孩子捐赠物资等。在疫情期间，他在带领企业全体员工积极抗疫、克服困难复工复产的情况下，还积极向学校、抗疫一线单位、社区、农村等社会各界捐赠抗疫物资。

他的付出也得到了社会的认可，为此，他本人先后获得"桂林市时代榜样·桂林杰出企业家十大新锐企业家""桂林市第五批拔尖人才""桂林市创文明卫生城先进个人""秀峰区十大模范人物""第二届广西文化艺术奖先进个人"等荣誉，2021年还被评为"广西第七批自治区级非物质文化遗产代表性项目代表性传承人"。

戴东辉是政协第十三届广西壮族自治区委员会委员、政协经济委员会委员、广西红色文化旅游协会会长、广西个体私营企业协会常务副会长、广西旅游协会景区分会副会长、广西旅游协会导游分会副会长、广西第二届旅游行业指导委员会副主任委员、广西公安厅党风政风警风监督员、政协桂林市第六届委员会常委、桂林市工商业联合会副主席、桂林市红色旅游协会会长、桂林市新的社会阶层人士联谊会副会长、桂林市经济学学会副会长、桂林博物馆理事会副理事长、桂林市光彩事业理事会常务理事、桂林市国学研究会常务理事，身居多职的他，勇担社会责任，持续发挥着自己的能量。

戴东辉和他的团队终于让世人从沉寂多年的靖江王城这部覆盖着尘埃的历史书卷中"阅尽王城知桂林"，靖江王城从一个被人遗忘的国家文物保护单位成为了今天国家5A级旅游景区，国家考古遗址公园。独秀峰·王城景区以其深厚的历史文化积蕴，让这座以自然山水闻名于世的城市终于有了精神归宿，让山水之城的文化情韵变得可观、可知、可感。 独秀峰·王城景区现在已经成为桂林历史文化景区的核心代表，是很多国家领导来桂林点名要看的文化景观。独秀峰·王城景区的成功开发，也是戴东辉缔造的文化旅游新经济模式的再度升华，从开始恭王府的"旅游 + 文化"到今天的独秀峰·王城景区的"文化 IP+ 旅游 + 智慧体验 + 互联网"模式，戴氏文化旅游新经济模式随着时代的变化还在不断地更新与完善，为广西文旅行业的发展添砖加瓦，为建设桂林世界级旅游城市不懈努力，贡献自己的绵薄之力。

# 姚重新：教育道路上
## 矢志不渝的仁爱者

姚重新，广西师范大学经济管理学院 MBA 2007 级校友，现任泉州爱学恩文化发展有限公司总经理，广西师范大学福建校友会副会长。他以对教育的热诚和责任担当，在教书育人、守护成长的关爱之路上前行。

**人生格言** *敬天爱人，正面利他。*

"敬天爱人，正面利他"是他一直信奉的人生格言，他从一个在大学里默默无闻的学习者，到踏遍山区的传道授业者，直至成为教育道路上矢志不渝的仁爱者，他就是姚重新——泉州爱学恩文化发展有限公司总经理、广西师范大学福建校友会副会长。

如今，他踏遍广西、湖南、广东、海南等省份，跋履山川去授业解惑，因为亲身体会到山区孩子的求学不易，与志愿者朋友们一起创办了晋江市守望麦田教育咨询有限公司，希望能促进教育资源良性互动，帮助山区学子更多地了解到外面的世界。他所经营的泉州爱学恩文化发展有限公司陆续在福建的福州、厦门、泉州开设校区，主要提供学业规划、家庭教育、心理咨询等服务。

创业十多年，经历了从无到有、再从有到无的过程，其间他总是不忘母校老师的教诲，要做一个正能量的传播者，身体力行地去影响周边的每一个人。在姚重新的眼中，度人就是度己，这样一个怀揣着一颗仁爱坚持之心的企业家，他的成功故事是怎样的？又是什么样的理念支持着他一步一步走向成功的？

## 初出茅庐的热忱少年

故事的开始，姚重新与多数新生一样怀揣着美好的梦想和愿景来到广西师范大学，他勤劳认真，笃学不倦，不断开阔自己视野的同时也在此找到了愿为之奋斗的方向。

"三更灯火五更鸡，正是男儿读书时。"刚入学的姚重新积极参加各种校内社团和学生组织，利用好每一刻的时间让自己不断充实和受益。在姚重新看来，此时的他不论是资历还是学识都还处于浅见薄识的阶段，必须努力抓住每一个机遇不断地打磨锤炼自己。

2007年入学的他，属于广西师范大学雁山校区的第一批拓荒者，他说："当时，新校区的条件非常艰苦，没有一栋楼是完工的，每天走工地过脚手架去教室上课。在这样的环境下，我并没有抱怨，而是主动竞选了班级的第一任班长，带动同学们积极面对一切挑战，快乐投入到学习生活中去。"

面对还未修缮好的校区、艰苦的学习生活环境，他从未怨天尤人，即便是再难再累的工作都会迎难而上积极完成。作为班长要协助老师完成数不胜数的收集、组织工作，但他从未有过一刻的懈怠。在工作上如此，生活中作为班长的他也十分关心同学。同学们无论是在学习还是生活上遇到问题，姚重新总是站在最前面尽己所能地提供帮助。此时的姚重新还不知道，他在学校所历练到的"财富"会成为他未来道路上至关重要的导向。

都说成功需要时机，但若是没有十年如一日的努力，待到时机真正出现也未必能抓住。我们羡慕别人的成功，却不知在这背后他付出过多少努力和认真。在校园的这些时光也逐渐让姚重新看清了未来的道路。就在这样的环境下，姚重新展开了自己成功路上的第一面旗帜。

## 授业解惑的山区时光

校园之外的他也没有让自己虚度光阴，而是继续燃烧着对教育的这份热情。姚重新在假期参加了设在学校的红日工作营的山区支教工作，每个寒暑假他都会自费到山区去做志愿者。

在 2008 年 7 月，他与来自全国各地的二十几位大学生志愿者去往桂林恭城县西岭乡的岛坪小学。那里的学生大多是留守儿童，交通也不便利，即便是最近的邻居也可能与你隔着一个山头而居，因而他们对外界的了解少之又少。在一次次跋山涉水的家访中，姚重新真正体会到了大山深处孩子求学的艰难，从那一刻起他便下定决心要帮助更多的孩子，也要将志愿者精神传递给更多的人。

几年时间里，他服务过十几个麻风康复村及山区小学，几十次奔赴湖南、广西、广东以及海南参加志愿者行动，一直到大学毕业之后他也从未停止志愿者的步伐，常常利用国庆、"五一"假期到广西、湖南等地参与麻风康复村的志愿活动。其间多次被评为广西师范大学优秀学生干部、优秀团干、迎评创优先进个人、校园十大公益之星等，2013—2014 年更是被全国爱语文基金会评为"全民爱语文"杰出志愿者代表。

这些年的志愿服务经历使他发现城市和农村之间存在较大的教育资源不均衡现象。在经过调查和组织后，他与志愿者朋友们一同成立了晋江市守望麦田教育咨询有限公司，名字便取自畅销书《麦田的守望者》，他们希望通过自己的努力，促进教育资源良性互动，从而激发学生智慧，塑造学生人格。

在这些给孩子们授业解惑的时光里，姚重新收获了许多弥足珍贵的经验。他教孩子们以一颗善良、仁爱的心去看待这个世界，告诉孩子们或许在未来的日子他们会遇到困难，或许会有不公平的事情，但是以一颗仁者之心去对待身边的一切人和事，心里就会充满美好。不论前面的道路有多困难都不要畏惧，坚定自己的初心努力奋斗，就一定可以得到自己想要的结果。

如此日复一日地磨炼让他的心性变得更加坚韧，姚重新明白了自己一定得做的事是什么，而那些温暖和希望也让姚重新内心对教育的情怀得以深化。

## 坚定初心的矢志不渝

毕业之后的他先做了一年市场销售工作，然后开启了自己的创业之路。

在这一年的市场销售工作中，他虽然同样抱有认真和努力的心，但心中仿佛一直有一个声音在呼唤，总是能让他想起曾经的粉笔和黑板，想起那些教室里的桌椅板凳，最难忘的是那一张张天真求学的脸庞。四年的学习终生难忘，带着对教育的永不泯灭的热情，姚重新辞掉了工作，开始了教育创业。

"凿井者，起于三寸之坎，以就万仞之深。"在教育创业的前十年他倾其所有，拿出自己所有的时间去工作，把全部精力都投入到 K12 教育培训学校的创办当中。格拉德威尔说："人们眼中的天才之所以卓越非凡，并非天资超人一等，而是付出了持续不断的努力。只要经过一万小时的锤炼，任何人都能从平凡变成超凡。"只要经过了一万小时的练习，就会有成为领域内领先者的希望。

四年勤学、十年创业让他和他的公司在教育行业站稳了脚跟，他所创办的教育学校陆续在福建的福州、厦门、泉州开设了相应的校区。姚重新不曾改变自己的初心，一心一意做好教育，以一颗仁爱之心不断影响和帮助周围的人。一批又一批的孩子在他的公司提高了学习能力和成绩，与此同时，公司也得到了一项又一项的社会认可。

在今天这个多元化的社会，一家企业的目标不能仅仅是做大做强，而更应该做到推动社会的发展和建设，真正地为社会进步做出贡献。教育对于一个社会来说关系着进步发展和稳定，不断提高国民素质和教育水平至关重要。姚重新抱着初心不渝的精神和对教育的无限热情挑起了这个重担，并在推动整个社会经济发展方面贡献了自己的一份力量。

随着 2021 年国家"双减"政策出台,姚重新响应国家政策,紧跟时代步伐,公司立即调整了方向,将公司主营业务调整到国家政策支持的学业规划、家庭教育和心理咨询的板块上。

姚重新说:"创业十多年,经历了从无到有,再从有到无的过程,在这个过程中,我始终不忘母校老师的教诲,做一个正能量的传播者,身体力行地去影响周边的每一个人。现在身为师大福建校友会副会长,希望自己能够为越来越多的新老福建校友服务,在福建能够聚起更深厚的校友情,回馈母校。"

# 黄鹏升：数据时代的探索者

黄鹏升，广西师范大学计算机学院 2007 级校友，现任北京美医医学技术研究院有限公司董事长，兼任广西师范大学计算机学院硕士生导师、北京大学创新学社实践导师，曾获颁"胡润中国 U30 创业领袖"等荣誉称号。

**人生格言**　低调做人，高调做事。

北京美医医学技术研究院（以下简称"美医研究院"），是全球领先的 AI 皮肤检测公司。它获总投资超 1 亿元，与北京大学医学院、广西师范大学计算机学院、清华大学偏振光实验中心联合研发 AI 检测技术，为京东、OPPO、LVMH、欧莱雅等国际品牌提供皮肤检测服务、医学护肤方案，年服务 3000 万人次。

率领该公司取得突出成绩、引领"AI+ 医学"护肤新趋势的，就是美医研究院的创始人——黄鹏升。他创办的"try try"曾入选人民日报数字传播"2018 优选品牌"，他本人入选"2020 胡润中国 30 位 U30 创业领袖""2020 福布斯亚洲 30 位 U30 精英""2021

年 G20（二十国集团）企业家联盟菁英人才"。

## 持续学习，提升自我

黄鹏升本科就读于广西师范大学计算机学院，学习计算机软件工程专业。这期间，他跟随农京辉老师学习大数据的统计、智能分析技术。

参加工作后，黄鹏升把数据分析处理能力运用于企业中，取得成果的同时，也发现了自身知识储备不足的问题。他计划进一步充电，提升理论知识水平。经过半年的备考，他通过全国硕士研究生统一招生考试，考取北京大学，学习工商管理专业，研究领域为：用大数据和 AI 技术，分析零售业导购者颜值与成交率间的量化关系。硕士学习期间，他发表了 3 篇国际 SCI 论文，获 5 项国家发明及实用专利。

黄鹏升的博士研究方向为青少年抑郁症的 AI 早筛。这是一个医工结合项目，通过校园主干道、教学楼、食堂等公共场合中的摄像头，合规地采集视频资料；用计算机视觉技术，智能分析青少年的肢体语言、面部表情等特征，量化并追踪其变化趋势；结合其成绩、饮食、作息、校园消费等数据，用卷积神经网络等机器学习技术，与确诊学生做交叉比较，智能地把有抑郁症倾向的学生筛选出来。

## 商业实践，不断探索

学生时代的黄鹏升，就开始探索数据与商业的结合。他很喜欢玩电子游戏，经常为游戏中的精妙关卡设计而赞叹，也偶尔会发现其中的不足。为了了解玩家想法，他编写了一个爬虫程序，输入游戏关键词，即可全网抓取该游戏的热度、评论、竞品等数据。通过对高频关键词的分析，结合其变化趋势，能够推测玩家的喜好及热点。黄鹏升想，如果把这些热点聚集到一款游戏中，会不会广受欢迎？大二时，黄鹏升参与组建了一个游戏团队，把这个想法付诸实践。团队开发的第一个手机小游戏《声控火柴人》，就靠蹭热点、糅合网络热梗，取得了 20 多万的销量。团队还为游戏组建了多个玩家群，引导玩家讨论数据、改进方法。在 2008 年的独立游戏界，这是很少见的。玩家群的意见及数据，对游戏的开发事半功倍。后来，该团队共开发了 7 款游戏，总收入超 1000 万元。

在分析网络热词时，黄鹏升发现马云、网络购物、快递到家等词在井喷式增长。当时，全球电子商务行业仍处于早期，并未形成大规模的产业。但基于对数据的敏锐判断，毕业后黄鹏升选择进入电子商务行业。

电商想卖货，需要有流量，需要打广告。2013 年，奢侈品电商行业通过广告，获得 1 个新客户的成本平均约为 2000 元。成本如此高的原因是，广告投放给了非目标人群。例如单价 10 万元的劳力士手表广告，如果投放给月收入 3000 元的人群，那大概是投错了。黄鹏升率先引入了电商数据采集、用户画像分析技术，抽象出高消费客户的共性特征，再通过智能化的网络广告投放系统，只向有对应特征的人群投放广告。这个方法，减少了近 90% 的无效广告，最终把新客成本降到了约 300 元，远远低于同行。

客户顺着广告来了，那如何促成购买？黄鹏升在购物网站、APP 的所有页面，都埋入了追踪代码。通过汇总客户的浏览、收藏、加入购物车、付款、评论、售后等数据，交叉分析后发现，影响销量最大的因素，不是价格的绝对值，不是"当季新品"，不是商品模特的颜值，也不是快递时长，而是本站售价与当地专卖店的价差。捕捉到这个关键点后，黄鹏升调动采购部门，定向采购品牌尾货，以超低折扣向客户销售。售后再返新品优惠券，吸引客户购买未打折的新品。这种策略帮助公司迅速发展壮大，从一个小网站成长为亚洲最大的奢侈品电商公司。黄鹏升也从一个刚毕业的学生，逐步晋升为公司副总裁。2017 年，该电商公司在美国纳斯达克上市。

2018 年，黄鹏升又进一步探索数据与商业的交叉融合，创办了北京美医研究院，深耕 AI 皮肤医生项目。AI 皮肤医生，通过设备采集用户的皮肤图像，自动分析肤质等数据，结合医学知识库，智能定制出皮肤修复、美白等方案。经过 5 年的探索，美医研究院发展成为细分行业的头部公司，为数千万爱美人士提供 AI 服务。

## 关注教育，热心公益

在学习和工作中取得成绩的同时，黄鹏升不忘初心，关心家乡教育。他参与北京广西大学生联谊会，推进支教活动"壮苗计划"的落地执行。"壮苗计划"是组织广西籍的优秀大学生，暑假回到广西各中小学，开展免费的公益夏令营，把战胜挫折的心理经历、考试高分的学习经验，分享给学生们，激励他们热爱生活、高效学习。至 2023 年，"壮苗计划"连续开展了 11 年，获得了团中央、文化和旅游部颁发的中国青年志愿服务大赛银奖，团广西区委、广西民政厅颁发的五四红旗团队等奖章。

黄鹏升情系母校，不忘感恩。他还担任广西师范大学计算机学院的兼职硕士生导师、北京大学创新学社的实践导师，把数据探索的成功经验、失败教训，分享给师弟师妹。

当师弟师妹问为什么选择数据这条路时，黄鹏升分享道："每个人的一生，都要做选择。我的建议是，选择快乐的方向。因为快乐，你愿花更多的时间去学习，因而做得更好；因为快乐，你能承受更多失败，因而走得更远，取得更丰硕的成果。"

# 梁旭光：以梦为马，不忘初心

梁旭光，广西师范大学法学院2008级校友，现任湖北光靓律师事务所主任，先后兼任武汉市江汉区第十五届人大常委会法制工作委员会委员、政协武汉市江汉区第十四届委员会委员、广西师范大学法学院湖北校友会会长等职务。

**人生格言**　聪明人要下笨功夫。

　　坐落于武汉的湖北光靓律师事务所，成立至今始终秉持"做忠诚、专业、智慧的法律人"的服务信念，为数十家单位提供法律顾问服务，并在企业并购、建筑房地产等领域形成突出的专业特色。这些成绩的背后，都与律所的创始人——律界奇才梁旭光的努力分不开。

　　身为湖北光靓律师事务所党支部书记、主任的梁旭光，实现了"从空降兵到律师的逐梦人生"的蜕变。如今，他深耕法律行业，法学理论功底扎实，实务工作经验丰富，专注于企业常年法律顾问和各类重大民商事争议解决等领域。他常年为多家政府机关、大型企业提供公司治理、企业合规等法律服务，及时防范企事业单位经营中存在的法律风险，为它们的发展保驾护航。梁旭光代理的多起标的额过亿的诉讼案件也都取得了显著成果，获得了客户的高度认可和赞誉。

## 逐梦不停的求学少年

少年时期的梁旭光血气方刚，15 岁就入伍参军，被分到了黄继光曾经所在的空降兵部队。在军营中，日复一日的艰苦锻炼，不仅锻炼了梁旭光的体格，也让他的心性更加坚韧沉稳。在部队里，他曾先后担任副班长、班长等职位，多次获得嘉奖，并且光荣入党。在结束训练之余，梁旭光不放松学习，每天刻苦学习文化知识，阅读大量课外书籍，并从报纸上剪下知识点，反复背诵记忆。正是这段宝贵的参军经历，让他的意志力变得更加坚强，并引领他开启了全新的学习生涯。

退伍返乡后的梁旭光决心继续深造，于是他起早贪黑，每天坚持学习长达 12 个小时以上，阅读了近百本书，并在 2004 年顺利获得中南财经政法大学法律专业的自考本科学位。

本科毕业之后，与法律结缘的梁旭光顺利完成了司法考试，取得律师资格，并积极在律所实习，处理湖北区域的各类案件及相关事务。在与大量案件打交道的过程中，梁旭光的法务能力突飞猛进，成为同龄人中的佼佼者。

不过，他还不满足于此，又继续钻研法律知识，决心攻读法律研究生。终于，功夫不负有心人，2008 年梁旭光成功拿到了广西师范大学的研究生录取通知书，实现了自己的读研梦想。在这所漓江之畔的美丽大学中，梁旭光顺利完成了三年的硕士研究生学习，并在导师杨丽艳教授的悉心指导下，深刻感受到了学术研究的乐趣，开拓了国际化视野，对法律专业也有了更深层次的理解。

## 拼搏奋斗的律所创始人

继续投身工作的梁旭光，一腔热血，浑身上下都透着一股朝气蓬勃的干劲。他跑案子永远是最勤快、最认真的那一个。一天的案子跑下来，梁旭光常常浑身湿透。但因为年纪轻，他常常不被当事人信任。不过，他没有气馁，而是用自己勤恳踏实的工作态度与杰出高效的工作能力，一次次扭转了当事人态度，并最终获得了当事人的肯定。在梁旭光看来，无论是多么困难的案子，只要肯刻苦钻研，细致研究，一切都有突破胜诉的可能。

为了更好地推进法律服务，实现自己的理想抱负，2017年3月6日，由梁旭光创办的湖北光靓律师事务所在武汉市江汉区商业中心成立。谈及律所成立的初衷，梁旭光用三句话概括：第一句是"做忠诚、专业、智慧的法律人"，这是湖北光靓律师事务所对每位客户的承诺，也是对律所全员的要求；第二句是"共享平台，共创未来，让我们一同光鲜靓丽起来"，这是梁旭光对律所成员的承诺及期待，也是对律所未来的展望；第三句话是"法律的运用是门艺术，既需要对法律文本的精深理解、行动时机的准确把握，更需要对法治精神的不懈追求"，这句话是梁旭光进入律师行业十几年，且律师执业七年多以来，对法律人素质要求的总结。也正是基于这些经验认识，他想通过创办一个律所平台，将一些体会和认知与律所成员、社会同仁一同分享，为推进法治进步贡献微薄之力。

律所成立后，梁旭光更是以自身为表率，践行笃学慎思、明辨尚行的精神内核，深耕律师行业。他十分注重法律专业理论研究，不仅定期参加国内知名高校组织的法律专题培训，还兼具国际视野，在赴美访学交流过程中批判吸收西方法律经验，以实现自身的不断进步。梁旭光始终认为"学习就是生命力的源泉"，无论是在工作上还是生活中，学习都已经成为梁旭光生命的一部分。他甚至在律所中设立"书吧"，让自己能够随时随地投入学习。直到现在，梁旭光还在工作之余，为圆"博士梦"而努力。

## 不忘初心的求真前行者

梁旭光的经历，让我们看到了一位从空降兵华丽转身为律师的逐梦人生。

他先后担任武汉市江汉区第十五届人大常委会法制工作委员

会委员、政协武汉市江汉区第十四届委员会委员、武汉市江汉区工商业联合会常务委员、武汉市律师协会建设工程专业委员会副主任、武汉市律师协会房地产专业委员会委员、楚商联合会理事、楚天公益律师团成员、广西师范大学法学院湖北校友会会长、广西师范大学校友会执行会长、部队法律服务社会律师人才库成员、武汉仲裁与调解促进会调解员、中南财经政法大学硕士研究生合作指导教师等职务。

他的青春励志故事先后被央视网、新华网、中国日报网、中国青年网、学习强国湖北学习平台等多家媒体与网站报道。

作为一名党员律师，梁旭光始终不忘初心，对同行后辈更是照顾有加。在他的努力下，湖北光靓律师事务所已经培养出了一支"精尖"的律师团队，团队内部成员大多为思维缜密、做事高效、充满朝气的中青年律师。

他经常告诫年轻律师："事业想要稳步精进，千万不能耍小聪明，因为事业是一辈子的事情，急功近利将会走弯路。"他更是以自己的经历现身说法，勉励大家做事要持之以恒，只有努力付出才会有回报。

如今，律所的工作越来越忙，但梁旭光仍然笔耕不辍，常年保持撰写法律科普文章的良好习惯，他和团队的原创法律文章全部收录于律所公众号"光靓研究"（其前身为"旭光说法"）栏目中，202篇文章累计阅读量超过32万，其中部分文章更被选入《武汉律师》杂志。

此外，梁旭光还热心社会公益事业。他积极参与"书香金桥文化服务志愿者""'八五'普法讲师团""未成年人保护工作暨儿童主任专题培训"等公益普法活动，并定期为广大人民群众宣讲法律知识。

以梦为马，不忘初心。从身披戎装的空降兵，到明理求真的律师，梁旭光始终将不懈奋斗、关怀社会刻写在自己的人生信条中。他坚信，只要齐心协力，把握住时代脉搏，就一定能够水到渠成，闯出属于自己的一片新天地。

# 黄晓：在餐饮界贡献"她力量"的龙山妹

黄晓，广西师范大学法学院 2008 级校友，现任广西贵港市老家小院餐饮管理有限公司董事长、广西朝牧生态农业科技有限公司董事长，并兼任贵港市港北区政协委员、市工商联企业家执委、港北区工商联副主席等职务。

**人生格言** 不忘初心，行稳致远。

她曾是贵港市"最美律师"，如今，她在餐饮界大展拳脚，贡献力量。她就是黄晓，广西老家小院餐饮连锁品牌创始人，现任广西贵港市老家小院餐饮管理有限公司、广西朝牧生态农业科技有限公司董事长。黄晓创办的老家小院餐饮投资有限公司，紧跟时代发展趋势，打造私房菜、西餐、宴席、派对定制等新型餐饮模式，满足人民群众对家与美好生活的向往。

## 母校恩情常怀于心

"饮其流者怀其源，回忆起自己的大学生活，有很多难忘的青春岁月静好时光。不知怎么，有一根无形的线牵引着我，使我有一种温暖和怀念。现在回想，进入广西师范大学求学这是一个幸福的选择。"黄晓表示，在她刚步入校园的刹那，就满怀对未来的憧憬，同时又带着对未知的迷茫。身边的同学们都很优秀，这督促自己更需努力。

大学时期，黄晓就很喜欢探索事物价值并创造价值，喜欢自我思考并注意训练批判性思维。她还喜欢尝试新鲜事物，喜欢和有想法的人进行交流。"要把生活当作完整的平台。"黄晓认为，上大学不应该只是学习理论基础和学术概念，更应该形成一种思考的方式。正因如此，从学生工作、志愿服务再到学科竞赛、学术科研，黄晓全面提升着自己的综合素质。

"我还深深记得我走在桂林烟雨时节图书馆的闭馆音乐中，走在冬日深夜自习室外的寒风里，也走在春花烂漫的公园里，走在漫天晚霞的夏日傍晚。复习累了去吃顿好吃的，坐久了就出去走走，然后再埋头书卷题海之中。"回忆起大学时期的学习生活，黄晓表示，就是以苦为乐，得奋斗之苦，方觉生活之乐。

青春之路是成长之路，在探寻的路上，黄晓很感谢广西师大的学术氛围，感谢老师的谆谆教诲与同学的一路陪伴。同时，黄晓也很感谢广西师大自由开放的氛围，使得她能跳出课本里的"唯一的真理"，接触到各行各业、各个年龄段的人，通过自我思考去探索自己的可能性，解锁人生多种打开方式。广西师大的求学经历，帮助黄晓更好地融入社会。随着年龄的增长，黄晓的个人阅历逐渐丰富，追求卓越的意识也使得她的心态更为开放。

## 从律政佳人到创业青年

"我叫黄晓，是一名少数民族政协委员，是'老家小院'餐饮连锁品牌的创始人，也是港北区土生土长的青年创业者。"其实，在大学毕业后，黄晓并没有直接去创业，而是从事专职律师，由于她自己热衷于公益事业，就在贵港荷城义工协会连续担任公益法律顾问。黄晓在做公益法律顾问期间，一直尽职尽责，尤其是在女性维权方面，因此她也获得了贵港市"最美律师"的称号。

2016年，黄晓开启了自己的创业之路，黄晓和她的爱人筹备起了第一家老家小院土味坊。对于这家餐馆，黄晓倾注了很多的心血，她决定以徽派建筑设计为主，是因为她想要将中国的传统文化传承下去。

多年来，黄晓的公司不断壮大，先后开设了西江酒楼、南宁旗舰店、优逸花园店、港南山边店等门店，她餐馆里的美食都是结合了广西本地的风味，其中招牌菜就是新式的臭鳜鱼，每年能够卖掉两万多份臭鳜鱼。"我始终怀着一颗严谨认真的心和对女性创业的执着，不断提升老家小院的品牌力。"整个公司承载着100多个家庭的幸福，黄晓经常感觉到自己身上的担子越来越重，但她依旧在餐饮界勇往直前。

在社会上打拼多年，黄晓积累了很多的经验，她很乐意分享给广西师范大学的学弟学妹们。她说："亲爱的同学们，胸怀是委屈撑大的，意志磨炼铸造英雄。梦想，靠奋斗来接力；历史，因铭记而永恒。我作为一名80后创一代，理想和信念是我的灵魂，在社会中需要自己以创造者和匠人的心态投入进去。"对于该如何提升自己，她讲道，"我希望师弟师妹们走出宿舍，走出学校，时刻多沟通交流，把心胸放开阔；培养终身兴趣爱好点，把目光放长远；享受青春，珍惜当下，好好把握在校时光；找到与自己志同道合的朋友，彼此分享，互相陪伴，共同进步；秉持一颗感恩的心，真诚友善地去对待身边的人，要做自己人生的'掌舵者'。"

## 管理公司她有一手

黄晓的家乡在贵港市的港北区，当地有一种称呼叫"龙山妹"，用来夸赞本地女性的勤劳、质朴、能干，很多人也会叫她"龙山妹"。"老家小院是一个劳动密集型企业，门店贯穿贵港市东南西北中及南宁市。"因为黄晓一直以来的付出，老家小院才有了如今的规模。

在创业的第一年，黄晓就因为操劳过度，进过一次重症监护室。疫情期间，餐饮行业本来就受到了很大的冲击，黄晓的两个孩子又高烧住院，再加上南宁旗舰店刚开业半个月遇到疫情关闭，所有的困难一下子都涌到黄晓的眼前，但她对自己说："越困难越要冷静，要乐观、坚强！"

面对疫情的打击，黄晓并没有气馁，而是在困境中，完成了企业的转型之路。黄晓介绍了这几年企业经历的主要阶段：第一个阶段，在原来传统餐饮的基础上探索新餐饮模式；第二个阶段，将自己的企业开到南宁；第三个阶段，重心回归到贵港本土，紧跟时代发展，满足群众个性化的需求。黄晓坦言，每一次的升级转型都如履薄冰。

黄晓的企业实行的是零距离服务，就是把以人为本摆在第一位，进而形成了选材用心、烹饪细心、服务贴心、顾客放心、员工工作舒心的企业氛围。黄晓说："我们将基层员工培养成骨干，提高团队的站位、格局、素质和效率，最终形成老家小院独特的管理理念。"

作为第六届区少数民族政协委员，黄晓还十分注重企业政治思想建设。为了引领公司企业文化，她跟随市国资委、市委组织部以及统战部先后到苏州大学、北京大学、清华大学等名校学习，提高自身的企业管理能力。依靠学习的知识，黄晓不断优化老家小院的管理模式，和企业发展同步谋划、与人才培养同步推进、与企业文化同步建设，这些就是老家小院能够持续发展的法宝。

目前，老家小院餐饮管理有限公司已经是一家专业承包经营工厂、学校、机关单位等食堂，集餐饮服务、厨房管理及蔬菜配送一体化的大型餐饮管理公司。企业的总员工 230 余人，拥有完善的企业资质，现阶段公司旗下拥有 6 家直营高端中餐厅，总用餐面积 15000 多平方米，公司连续多年位居贵港市餐饮行业纳税榜第一。

## 以身作则展露初心

"不忘初心，行稳致远"一直是黄晓的人生格言。贵港市对黄晓的帮扶，她从未忘记。她说："感谢党，感恩先辈，有了他们，才有今天的我们，我为能参与家乡建设、实现自我价值而自豪。获得'港北区优秀政协委员'荣誉，担任港北区工商业联合会副主席对我来说是鼓励，更是鞭策。未来我希望在少数民族文化的传承、助力乡村振兴和女性创业等方面履职尽责！"

企业壮大了，社会责任也就大了。黄晓一直积极参与市县扶贫活动，主动承担社会责任，优先录用贫困群众，解决了100多名贫困人口的就业问题。近年来，黄晓参与的扶贫项目，物资和资金的捐赠共计60多万元，她以实际行动诠释着企业家的大爱胸怀。

疫情防控期间，黄晓不忘鼓励在家待业的员工，同时带领管理层，送爱心物资给一线警官和医护人员，捐赠物资及捐款共计4.8万余元。在各社区急缺防疫物资的紧急关头，黄晓及时向防疫第一线捐赠价值10多万元的口罩、酒精、消毒液等防疫物资。黄晓表示，做企业就是要不断丰富公司的精神内涵，并回馈社会。

黄晓的热心帮扶，也让她先后获得"最暖心企业家""爱心企业家"等称号，黄晓的企业，也凭借着脚踏实地的作风和大爱的企业精神，先后获得"热衷公益爱心企业""赞助支持单位""友好共建鱼水情深""爱心企业"等荣誉称号。同时，黄晓还担任贵港市港北区政协委员、市工商联企业家执委、港北区工商联副主席、贵港市爱国拥军协会常务副会长、贵港市中小微民营企业协会副会长、贵港市青年企业家协会副会长、贵港市餐饮协会常务副会长等职务。

对于黄晓来说，人生这条路上不缺鲜花，少不了荆棘。"道阻且长，行则将至；行而不辍，未来可期。"黄晓始终坚持敢作敢为、自律专注，始终在提高自我、实现梦想的路途中不懈努力、乘风破浪！

# 周理：实体工业制造的守望者

周理，广西师范大学体育学院 2009 级校友，现任广西周达实业集团董事长，柳州市荆大汽车制动管制造有限公司党支部书记、总经理，柳州市城中区人大代表，柳州市柳北区企业优秀共产党员。

**人生格言** 披荆斩棘，大器铸成。

柳州古属百越之地，素有"桂中商埠"的美誉，中华人民共和国成立后，以汽车、机械、钢铁为龙头，为广西第一大工业城市。身为柳州人的周理，决定利用地域优势，为壮大柳州工业添砖加瓦，于是年轻的他早早开始创业。周理创办了柳州市荆大汽车制动管制造有限公司。从创业到读书，再在商海磨炼成熟，这都离不开因理想坚持的毅力。

## 热血青年，无畏启程创业路

创办初期的荆大制造，只是一个由数人组成的小作坊，带着初创型企业的迷茫，主营业务不断转换，由机油到汽车玻璃、电泳漆，最终确定了将汽车制动管作为企业生存发展的命脉，而企业也从劳动密集型企业过渡到生产自动化过半的科技型企业。

年少时候的周理血气方刚但对未来一片迷茫。正当他忧虑未来之路怎样走的时候，广西师范大学的录取通知书为他注入了一针强心剂，他顺利进入广西师大深造，并开始了四年的学习生涯。

学校里，他在学习专业知识的同时不断提升自己的能力，良师益友们的指导和帮助，也让他学会了冷静思考、理性看待问题。因此广西师大对于周理而言，无论是对个人成长还是事业发展，都起到了重要作用。正如周理所说："广西师大似大海航行中的灯塔，在求学时期给我指明了方向，照亮了道路。"

四年大学生活让周理如获新生，充满斗志，毕业后他便继续投身于荆大制造的建设发展之中。他带领团队夜以继日地突破技术瓶颈，加班投产。然而公司发展的道路上既有着在一旁虎视眈眈的竞争对手，也有着国家对产品更高的行业标准要求。面对这些，周理凭借着冷静的思考、过硬的技术、细致入微的品控，为荆大铺平成长道路。借由国家对新能源汽车的大力支持，以及合作单位产品质量与口碑皆过硬，荆大制造名声大振，在汽配制造行业站稳了脚跟，有了一席之地。

## 创新研发，拓宽经营道路

三年疫情期间，在经济大环境影响下，公司也不同程度地受到影响。周理思考之后，决定沉下心来，带领团队研发更优质的产品和更高效的生产设备，拓宽经营道路。一番研发下，公司除了制动管之外，还衍生出独立开发、生产夹具、模具、检具的能力，极大地提升了企业的盈利模式与抗风险能力。同时新的销售团队的组建，在稳定既有业务的前提下，让公司敢于、勇于走出去与更多的企业一较高下。

如今的荆大制造拥有柳州白露、柳州河西、重庆两江、青岛黄岛、江苏泰州5座生产基地，年配套生产200余万套汽车制动管，年生产总值过亿，能够解决200多个就业岗位。而这华丽的转身都离不开周理的决策和领导。

作为民营企业家，周理带着团队始终一路向前，攻克难关，不断突破，公司也获得了很多荣誉。2005—2014年被评为"上汽通用五菱合格供应商"，2016年荣获上汽通用五菱年度"优秀伙伴"奖，秉承着客户至上的理念，多年来为上汽通用五菱股份有限公司提供了100%合格的产品和服务。在企业经营上，周理主导公司向数字化、智能化转型，自主研发自动化设备，解决"卡脖子"问题，目前公司已获得4项发明专利、8项应用型专利，也获得了柳州市企业技术中心、柳州市柳北区杰出贡献企业称号。

优秀的人永远不满足于自己所获得的成就，荣誉加身的周理也不例外。2012年，凭借着荆大制造优秀稳定的造血能力，周理成立了广西周达实业有限公司，独资控股泰州艾瑞自动化科技有限公司，自此拥有了独立自主研发生产自动化设备的能力，实现了整个生产制造流程的闭环。自主研发设计生产的自动化设备，不仅能满足自己公司的需求，同时也按客户的订制出口至国外，走出国门。这一步在周理的创业道路上又添加了浓墨重彩的一笔。

此外，周理在扎根实业的基础上还一直积极拓宽经营渠道，在餐饮、体育、旅游住宿、文化传媒等产业均有涉足，且有建树，在向当地政府提供更高的税收、向员工提供更优渥的待遇、向社会提供更多的就业岗位的道路上砥砺前行，也正如企业的标语"披荆斩棘 大器铸成"一般，荆大人在周理的领导下共同努力、共同奋斗、共同朝着幸福的方向远航。

## 心怀感恩，回馈母校

说到如今的成就，周理表示，离不开团队的支持和帮助，也离不开母校广西师大对自己的帮助。在母校，他不仅学到了专业知识，更重要的是沉淀了自身，让自己能够沉着应对事业和生活中的种种问题。因此，周理始终心怀感恩，用实际行动回馈母校和社会。2015年，柳州荆大开展帮困助学活动，助力贫困学子走上求学道路；2016年为大良居里屯捐建篮球场；2020年为广西师范大学体育学院捐赠抗疫物资，共同抗击疫情；同年公司还为广西师大足球队提供赞助，成为母校足球队赞助商……

周理认为，回馈社会既是一个企业的社会责任，也是一个企业家该尽的义务，企业与社会是相互成就的，因此常存感恩心才能让自己和公司走得更远、更好。

凭借自身的努力，周理在创业的道路上越走越远、越走越宽，不仅壮大了柳州工业，还走出了国门。在周理身上，我们看到了一位成功的企业家身上所特有的光芒——严于律己，勇于拼搏；不断学习，丰富自己；不畏艰难，永远向前；知恩图报，及时行动。他也用他的亲身经历告诉我们，创业的道路、人的成长道路永远不会是一帆风顺的，但只要不放弃，善学习，就会离梦想越来越近。

# 俞家模：互联网圈的励志CEO

俞家模，广西师范大学音乐学院 2011 级校友，"舞蹈圈"的创始人，现任宁波舞吧科技公司董事长、SWAG 新加坡基金会理事长、亚杰商会摇篮计划 13 期成员、北京大学创业课程特邀讲师；入选 2020 年"G20YEA 菁英人才计划"，创业主导的多个早期项目估值均超过 1 亿人民币。

**人生格言** *坚持去做一件对的事。*

2011 年考入广西师范大学的俞家模，在校内有个外号——舞蹈系的"潘玮柏"，不仅因为他长相帅气，还因为他跳得一手酷炫的街舞。

作为一名杰出的舞者，俞家模曾加冕街舞世界冠军，拥有无数闪光的头衔，大家都说他是互联网圈里最会跳舞的，又是舞蹈圈里最懂互联网的，并且还是文娱互联网圈的励志世界冠军CEO！他虽是中国舞专业毕业，却跳了十余年街舞，又因伤退役后，依然怀揣梦想，还在继续为行业不断努力做贡献。在创业路上，这个正能量的优秀青年企业家登上一个又一个更大的舞台，迸发出一次又一次无尽的潜力。

## "舞蹈圈"敲开创业之门

对舞蹈专业的学生来说，毕业后的选择空间往往十分有限。然而俞家模却在毕业之前就另辟蹊径，喊出了"让舞蹈者有出路"的口号，在创业邦年会上，让众多创业大佬对其刮目相看。

俞家模口中的"出路"不是简单的口号，而是他开发的一款社交软件——"舞蹈圈"APP。这款 APP 集教学、图片文字、直播短视频、商城系统、聊天交友于一体，将在线学习、在线交流、在线交易三大服务功能进行整合，通过与传统线下舞蹈培训赛事活动等结合，最终实现垂类行业的商业闭环。

毕业前夕，俞家模的团队一举获得了数千万元天使融资，成为中国高校大学生中首个在移动互联网创业领域成功获得如此高额天使投资的案例。

早在 2011 年，俞家模就被选入了国家队，2013 年，俞家模受国家体育总局邀请，代表中国前往美国奥兰多参加世界啦啦操锦标赛，获得 ICU 国家杯团体街舞第五名和双人第一名的好成绩，之后又在一百多个国家共同参赛的 IASF 世界舞蹈大赛中夺得国际公开男子街舞组的世界冠军。在同学们眼里，俞家模是个不折不扣的"舞蹈达人"。正是这次美国之行，让他灵感迸发，他寻思，怎么才能帮全球的舞蹈爱好者搭建一个学习和交流的平台呢？

于是，他尝试着开发一款既可以学习又能交流的社交软件。因他自身就是中国黑客联盟的成员，也是一名互联网技术大拿，经过不懈努力，他最终研发出了一款以"让舞蹈走进你的生活"为理念的"舞蹈圈"APP。在 APP 上面，大家可以看到最新的舞蹈资讯以及覆盖品类最全且最专业的从零基础到提高进阶的舞蹈教学视频，还有全球舞者各自分享的生活图文和短视频。2013—2014 年，"舞蹈圈"在各大应用商店陆续上线。不到一年时间，在几乎未做任何推广的情况下，"舞蹈圈"的用户体量就增至近百万人，几乎覆盖了各大舞蹈院校和专业舞蹈圈子的用户。2015—2017 年，经过产品的不断迭代和口碑的裂变，截至 2017

年底，舞蹈圈的注册用户就已超过 700 万人，全网下载量超过了 1200 万，持续三年时间一直位居舞蹈行业第一。在创业这条孤独的路上，俞家模不断前行。

## 创业路上的思考与成长

当年，时任广西师范大学音乐学院党委副书记的蒙志明是俞家模的社会创业课指导老师。他看到俞家模的"舞蹈圈"上线后大受欢迎，建议俞家模走出学校，去外面参加各种创业比赛和相关活动，使得产品在获得推广的同时，能吸引各类投资人。2014年4月，"舞蹈圈"被苹果 AppStore 和豌豆荚、小米等各大应用商店认证评选为优质应用并做首页推荐，后又获得 2014 移动创业之星最佳移动应用奖，之后又获得了 2014 年第三届全球移动互联网拳头奖及最佳自媒体案例奖。

2015 年 12 月，俞家模回到母校广西师范大学，做客"不忘初心，坚持梦想"中国大学生创业之路励志分享会。在创业指导老师蒙志明的印象中，刚入大学的俞家模并不是一个健谈的人，"很多学舞的学生一般只做不说，而且不怎么喜欢跟人交流。创业的过程，让这个年轻人不断得到锻炼和成长。"但俞家模的演讲让人激情澎湃。

回首过往，俞家模履历辉煌。他不仅是国内顶尖舞蹈内容平台"舞蹈圈"的创始人、宁波舞吧科技公司董事长、SWAG 新加坡基金会理事长、亚杰商会摇篮计划 13 期成员、全球华人青年创业领袖黄埔军校青羚学院四期成员、北京舞蹈家协会成员、北京大学创业课程特邀讲师，也是亚洲之舞特邀评委等。他还曾在移动互联网和区块链浪潮巅峰时期，受邀参加了人民大会堂中国商业经济创新发展论坛，并被评为 2018 年度风云 CEO，同年入编《全国优秀企业家楷模》专刊，又在 2020 年入选"G20 YEA 菁英人才计划"，创业主导的多个早期项目估值均超过 1 亿人民币，更参与了十余家文化娱乐类企业投资。

俞家模除了是互联网及黑客圈的新生代大拿外，还是中国黑客联盟的早期成员，有十余年互联网运营及产品技术开发经验，是个不可多得的复合型人才，曾任咪咕娱乐网创始人及 NMCC 潮社区 CEO，也曾管理运营过千万用户量级的平台及百余人的互联网专业运营及产品技术团队，早在直播行业各平台兴起阶段就仅用了一个月时间打破单月粉丝累计超过 1 亿的互动量，单次同时在线数百万观看量，并受邀参与多个平台的官方直播业务合作，其中与腾讯及微信等合作的线下直播专场实现了数百万量级在线用户的转化。

## 更大的舞台创造更多可能

2017 年，俞家模创办的舞蹈圈（北京）科技有限公司已成为全网各大平台的独家舞蹈战略合作方和全网最大的舞蹈内容提供商。作为国内首款舞蹈兴趣社区与 IP 舞者的孵化平台，该公司旗下有"舞蹈圈""舞蹈点评""舞范儿"等产品，获得四轮融资，B 轮估值数亿。"舞蹈圈"是国内最早的泛舞蹈运动类垂直社区，曾多次位居 APPStore（应用商店）体育免费及付费榜第一，注册用户超 700 万且覆盖了国内外 80% 的专业舞者群体，其中舞蹈直播内容的单月累计互动量数亿次，并打通微博及各大平台的直播系统实现内容同步，几乎市场上所有的舞蹈相关赛事活动也均有"舞蹈圈"的支持赞助。

2018 年，俞家模率队基于"舞蹈圈"开发迭代的新项目SWAG 同样备受业内关注。SWAG 是全球首个以区块链为核心技术的集泛娱乐人才内容宣发、版权管理、IP 孵化于一体的去中心化智能消费生态服务平台，仅用了一周时间就获得了数百万美元基石轮投资，正式上线前不到一个月更是拿到了 7 家国内外金融行业知名基金的亿元投资。

2019 年，他创办了全新的泛娱乐 SWAGGIN 品牌（一站式 IP红人孵化综合体），形成了集直播短视频、电商供应链、舞蹈社交、清吧餐饮、网红打卡、办公休闲等于一体的产业生态，并投资上千万人民币在国内落地了首个专注于文化娱乐服务的新型时尚综合体——SWAGGIN 舞蹈圈 ( 北京旗舰店)。综合体位于北京朝阳亮马桥大使馆区的核心商圈天泽路 16 号院润世中心，占地 7000

多平方米，整个设计风格与色调以马卡龙的粉色与紫色为主，每一个进入者，仿佛踏入梦境空间。

2020 年，他的公司入选北京市文化创意创新 50 强企业。2021 年，他又以同样的模式于北京市朝阳区天辰东路 11 号国家游泳中心 ( 水立方 ) 成立了占地近 2000 平方米的 SWAGGIN 舞蹈圈 ( 水立方旗舰店 )。SWAGGIN 与微博、抖音、花椒、快手、腾讯等多家平台达成长期全面战略合作关系，内容分发全网超过 10 亿多浏览量，旗下矩阵独家签约艺人 1300 多人，打造头部 IP 及达人数百个，商约合作达人上万个。

如今，俞家模在成功的道路上越走越远，他为每一个有梦想的师弟师妹讲述自己的创业故事，以自己对梦想的理解，勉励大家要从容坚定，鼓励每一位有梦有思想的师弟师妹勇敢地去追寻自己喜欢的东西，做自己喜欢做的事情。

"从一名舞者跨界去创业，没那么容易。我不否认光环，也不惧怕质疑。但我始终清楚地知道应该把自己放在什么位置。在我心中，每个人都一样，有各自的事业线和人生观，每个人都有值得我去学习的东西。创业凭什么开始呢？不就是凭'从头开始、从零开始'么？既然选择了，那就不犹豫，坚持去做一件对的事！"俞家模说道。

# 邓家发：科技引领，诚信筑梦

邓家发，广西师范大学经济管理学院 MBA2011 级校友，现任苏州沪琨智能科技有限公司总经理，兼任广西师范大学硕士研究生导师。在烟草行业工作多年，擅长企业管理、市场营销，对烟草行业智能制造、绿色工厂建设有深刻的独特见解。

**人生格言** 天下无难事，只怕有心人。

邓家发，作为苏州沪琨智能科技有限公司的总经理，他一丝不苟对待生产的每一个环节；作为首域科技（杭州）有限公司的常务总经理，他以敏锐的视角勘察行业市场；作为广西师范大学的研究生导师，他尽心竭力教导学生要在实践中寻求进步；作为广西师范大学江苏省校友会副会长，他常常与母校进行学术交流，定期回学校办讲座，为同学规划未来。

秉持着以诚为本的经营理念，邓家发这些年来脚踏实地勤勤恳恳。他既时刻关注行业市场趋向的变化，也不断学习知识开阔自己的视野。他对客户与合作伙伴竭诚相待，为的是推动公司与市场相互结合不断向好发展，在科技领域站稳脚跟，并能成为行业的领导者。

## 为自己坚持不懈求学问

2010 年，邓家发进入宝钢集团，在其旗下宝信软件公司开始了自己的销售职业生涯。那时的他常常需要外出跑业务，自己的时间几乎全都留给了公司，有时对方一个电话说几点有空，他就得立刻赶过去，为的是能多谈成一单、多做成一个项目。与他坐下来交谈的对象，大多是各个企业的管理高层，每每听到他们说起关于管理、关于文化、关于人事的感悟，邓家发总能从中学习到自己不曾了解过的理论和思维。他兴致勃勃好学深思，为了能更加出色地完成工作，也为了能更好地提升自己的资历和学识，在 2011 年他选择攻读广西师范大学工商管理硕士。

"在广西师范大学读研究生的这三年对我的帮助比较大，因为当时我的工作是销售经理，肯定会接触到许多高层，这就需要一定的知识经验储备和他们进行沟通。"这是他对在广西师范大学读完工商管理硕士的体会。正是因为职务的特殊性让他与广西师范大学有了一段师友缘。在邓家发看来，三年学习为他带来的提升是至关重要的，他表示："知识也好，认知也好，对我都是有很大的帮助，而且我们那里的同学有来自医疗系统的，有来自教育系统的，有来自各个企业的高管，都是'一把手'，都是五湖四海的朋友呀。"邓家发提到研究生期间的重要项目是"游学"，他与同学们根据每个人所拥有的不同资源，首先选定一个领域，然后找到该领域比较靠前的企业，到那里去与老板共同探讨行业问题、管理问题，将知识与实际融会贯通，以获取到一些经验丰富的企业人的指导。

也是在这一时期，邓家发学到了系统的经营管理知识，同时他的人脉资源范围也在不断扩大。邓家发凭借着对市场趋势的判断，在新领域开垦研究。

## 为企业同心协力谋生产

2013年，邓家发从广西师范大学毕业，此时随着经济和社会的不断发展，以及我国建设规划的转向，国家开始越来越注重绿色城市、绿色工业的打造，邓家发敏锐察觉并把握市场风向，开始了自己的创业之旅。

2014年他与几个合伙人一起创办了首域科技(杭州)有限公司，担任常务总经理。首域科技主要做的方向是大数据的集成挖掘技术，以先进的设备和程序，对未来市场进行预测，不仅在启动项目的决策过程中起到决定性的作用，还能大大降低预算成本，让每一次运作和实施都得到精准预算。

但是要想完成一个产品从规划生产到上市的过程，不仅需要大数据的预测，还需要技术上必不可少的支持。2018年，邓家发又与其他合伙人一起创办了苏州沪琨智能科技有限公司并担任总经理。与首域科技不同的是，苏州沪琨智能科技主要在生产线上下功夫，即如何利用更高精尖的专业技术，节约生产线上每一道工序的成本；如何与首域科技打好配合战，形成一条完美高效的生产链。

结合两个方向完全不同但目标一致的企业，邓家发提到两个名词：智能制造与绿色工厂。这两个名词的概念又是什么？随着信息技术的快速发展，工业上传统的生产方式渐渐无法满足现代市场的需求，从而引入互联网，引入高新技术来预算供给生产，这就是智能制造。它既能提高生产效率、降低成本，又可以提高产品质量和流程的可追溯性，减少人为操作带来的安全隐患。而绿色工厂也是根据国家风向相应而生的概念，面对日益严重的环境问题，人们对可持续发展理念关注度越来越高。作为空气污染大头的工业工厂，打造绿色工厂必然是今后的重点方向。其先进的环保技术和设备，能够降低废物排放，减少对大气、水体和土壤的污染。

## 为学生尽心竭力辟蹊径

作为他的另外一个身份，广西师范大学硕士研究生导师，邓家发也是对学生们鼎力相助。面对即将毕业的同学们对就业问题的焦虑，他表示："那个时候我刚毕业，跟他们一样迷茫，他们讲那些问题，也是我之前感到迷茫的东西，就是尽早进入社会，尽早去跟人打交道。"在邓家发看来，读万卷书不如行万里路，行万里路不如阅人无数。书本上的知识固然很重要，但在现实社会的锻炼也是必不可少的，要在社会历练中不断提升自己的核心竞争力。他还曾向广西师范大学陆院长提议，广东的高校会让学生提前一年毕业，那他们可以提前一年半。他认为，多提前半年走出校门就比别人多了半年的阅历和优势。

基于这一点，他在 2023 年受学校邀请的讲座中，带着三名研究生到他的客户企业进行实践。邓家发带着同学们上会议、下工厂，在实践中给同学们授课，让同学们亲身学习和体验一个企业如何运作，如何把控生产的每一个细节。邓家发以自己的努力与坚持书写了人生奋斗之路，在未来，他也始终认为保持学习的激情与好奇是人生不断前进的助力。

# 周光华：以初心篆刻锦绣前程

周光华，广西师范大学经济管理学院 MBA2013 级校友，现任贵州拜兹门窗科技有限公司执行董事，曾任上市企业任子公司总经理，后自主创业跨入门窗行业，从铝合金门窗研发、生产、销售、安装一条龙服务，为客户创造价值，主打极速静音恒温门窗。

**人生格言**　有志者，事竟成。

　　"有志者，事竟成"是周光华一直信奉的格言。他秉持着专心致志的理念，以品质和客户需求为经营核心，脚踏实地地经营着贵州拜兹门窗科技有限公司。周光华目前是贵州拜兹门窗科技有限公司的执行董事，也是广西师范大学贵州省校友会的副会长。秉承他提出的"让高品质的门窗进入每一个家庭，走好品质路线，唯有品质才能让企业经久不衰"的经营理念，拜兹门窗主打家装铝合金门窗的研发、生产、销售、安装一条龙服务，为客户创造价值。其中，极速静音恒温门窗是公司的核心产品。

## 不忘师恩，持续深度交流

教师是人类灵魂的工程师。周光华提到，他今天的成绩，学到的知识和经营提升离不开广西师范大学导师陆奇岸的细心规划教导。陆老师是广西师范大学经济管理学院院长，是周光华求学之路上的引导者。博学多闻的陆老师带着学生们学习系统知识时常常结合许多案例，不只是让知识与实践在学生们的脑海里融会贯通，更要他们能够站在不同角度去条分缕析，制定最优的规划方案。而对于教学方案，陆奇岸也遵循着与时俱进的原则，不断变化自己的教学方式和教导手段。周光华表示，在校期间，陆老师在研学知识、战略战术、未来规划上为他专业的提升带来了诸多帮助。

走出校门，周光华不曾忘记母校的师恩情谊，并将这段缘分一直延续，希望与老师持续交流，能够加深这份感情。如今，广西师范大学经济管理学院黄金鑫老师常常会到周光华的公司走访，与他一起探讨市场、管理、人才等方面的问题。这些问题不止于研究周光华所创立的拜兹门窗，更有其他学生在职场上面临的问题以及如何解决的办法。在概念的相互碰撞、思维的相互关联、意识的不断堆叠中提升自己的逻辑思维能力，让周光华对市场有了更深入的了解和掌握，面对企业潜在的风险也更有妥善解决的思维和把握。

## 十年蓄力，一朝决然创业

2010年，周光华进入金杯电工股份有限公司旗下的金杯电工衡阳电缆有限公司工作，就任人力管理基层岗位。作为一个初入职场的新人，他力学笃行，悉心毕力做好自己每一份工作。他积极进取、认真务实的工作态度和表现得到了上级的充分赏识，于是在第二年被提拔到销售部做区域经理。面对职位的晋升，他并未就此骄傲自满，而是砥砺奋发，一年一个跨步，每年都能获得一个销售冠军，而他的职位也日转千阶——第二年升职为区域经理，第三年做到了主管，而第四年跃升成了大区负责人，第五年成为贵州金杯电缆有限公司的总经理。

十年砥砺和打磨让周光华对行业市场的判断、自我提升的方式以及资历的积累都倍道而进，于是他选择在 2020 年离开金杯电缆。同年，周光华创立了贵州拜兹门窗科技有限公司，秉持着以品质为中心的创业理念写下"让高品质的门窗进入每一个家庭"的企业宗旨。这些年，在周光华准确的预判和不懈的坚持下，他带领公司得到了行业的认可，目前公司在贵阳的年销售规模达到 3000 万，客户的转介绍率达到了 15%。

2021 年，他带领的贵州拜兹门窗科技有限公司获得国际欧盟认证，同时通过了上海英格尔集团 ISO 质量管理体系认证。这不仅仅是对公司的认可，更是对周光华一切努力的认可。

2022 年，由搜狐焦点主办，腾讯家居、贝壳网等联合承办的"2022 贵阳新媒之夜年度盛典"在贵阳盛大开幕。拜兹门窗凭借过硬的产品质量和完善的后期服务，荣获"2022 年度贵州消费者信赖品牌"。

### 洞彻事理，驶向愿景未来

踏入门窗行业多年，周光华始终保持不变的初心，坚持走好品质路线、服务路线，打造出更迎合市场需求的高质量产品。关于如何做好一家企业，他提到了三个词——专业、专注、专家。

作为一个创业人，首先要做到的是专业，做一行要爱一行，做好一个行业，前提是专业。

其次是专注，专注经营公司业务，专注察觉市场前景，专注把控生产品质。他说："要做成一件事贵在坚持，孜孜不倦去专注一件事并在过程中实现自己的理想。""风之积也不厚，则其负大翼也无力。"周光华认为，就是要十年如一日地专注做好一件事情，才能让自己在这个行业变得更加专业。

如果说"专注"是不断蓄力，因而拥有"专业"的水平和能力，那么"专家"就是兼有两者的积累而完成了质的飞跃。他说："实现了专注、专业，才能让自己成为行业领域的专家，可以让自己有更多更新的见解，从而突破行业，找到属于自己独到的东西。"

展望未来，周光华已经给公司做好长远的规划：首先是发展规模，由覆盖贵州然后走向全国，保证企业生产质量的同时不断提高产量，让高品质的门窗进入更多家庭；其次对于内部的经营管理进行调整；最后以市场需求为导向，加大研发和创新方面的工作量，打造出品质更高端的产品，让品牌的发展道路越走越好。

　　在周光华眼中，这个世界并不缺乏聪明勤奋的人，而是缺乏在此基础上能主动积极思考为什么要做好一件事的人，所以他想对母校的学弟学妹们说："凡事一定要积极主动思考，这可以预防很多的风险，让你的人生更加平稳。"

# 蒋建军：定制家居企业高质量发展的倡导者

蒋建军，广西师范大学经济管理学院 MBA2014 级校友，现任安徽富煌集团富煌木业有限公司副总经理、广西师范大学安徽校友会副会长兼秘书长。多年来，蒋建军坚持"科技兴企"，通过自主研发和"产学研"合作项目，拥有国家授权专利 36 项。

**人生格言** 笃定梦想，人生永远在路上。

蒋建军是安徽芜湖人，他长期专注国内定制家具行业，是该行业的执着者，也是创新者。他满怀憧憬地踏入定制家具的领域，渴望自己在这个行业的前端有一席之地，但也知道成功并不能一步登天，因而即使是工作期间也不停求学，砥志研思。他考入广西师范大学的工商管理专业，获得 MBA 硕士学位，之后更加用心钻研市场，以独特的视角判断市场空缺，制定公司战略。他从基础员工一路晋升为企业中层至高层，现在就任安徽富煌集团富煌木业有限公司副总经理，同时也是广西师范大学安徽校友会副会长兼秘书长。这些年来他精准预判，细心大胆，一步一个脚印，终于在行业里站稳了脚跟。

他所在的公司安徽富煌木业有限公司位于全国五大淡水湖——巢湖之滨、省级开发区——合肥市居巢经济技术开发区富煌工业园内，紧邻国家级滨湖新区。富煌木业自创立以来，坚持以质量管理为基础、以品牌建设为核心、以设计研发为先导、以市场拓展为驱动，着力打造家居整木定制行业的卓越品牌。

## 敏锐考察行业，迅速崛地而起

2010年底，蒋建军从江苏返回合肥，开始进入定制家居行业，此前他在当地从事标准化建材营销多年。当时的家装市场绝大多数材料都是标准化，只有定制家居是非标准定制的，故而标准化材料的劣势是显而易见的，比如标准化产品雷同、渠道压力、价格压力等已经严重困扰行业的提升发展。所以他选择定制家居的赛道，做家居的个性化定制产品，让每个品牌在诉求属性、产品研发、消费体验等各方面差异化的发展维度都得到解决方案，同时大大提升了每个品牌的发展空间。对于这个行业他表示："纵观全球发达国家的产业发展史，定制家居具备极强的生活需求及情绪价值的发展前景，我对于定制家居产业的发展非常有信心。"

他所选择的安徽富煌木业有限公司始创于2006年，隶属于国内A股上市公司——安徽富煌钢构股份有限公司，经过十几年的不懈努力与创新，已发展成为集设计开发、生产销售、安装服务、品牌运营于一体的大型现代化、智能化木业企业。

2017年，蒋建军洞察市场和行业，意识到如今公司工厂的生产面积和设备都已逐步落伍，销量与产能的不匹配，公司与市场呈供不应求关系，因而决定更新设备并扩建工厂。公司先是斥巨资新建占地面积200亩的生产厂房，全套引进德国、意大利自动木门生产设备等国际领先的技术和设备，建成了国际一流的多材性高档木门生产线。而后在拥有十多年木门专业定制的基础上，产品结构向整木定制家居产业领域延伸，进而形成了以高档木门产品为核心，地板、楼梯、柜体、护墙、酒店家具和办公家具等产品多元化的产业格局。

如今，蒋建军带领的富煌木业以独特前沿的视角，吸纳国际流行的时尚元素，融合东方文化的审美取向，打造工艺精湛、设计别致、外观华美、坚实耐用、价值尊贵而广受各界称誉的整木定制产品。

在他看来，做好一个企业最重要的是能够满足顾客需求。他的目标是：永远以满足顾客需求为导向，不断求变求新，做好内部客户的开发与服务工作，不断夯实内部运行机制，让企业成为一个集生产、销售、研发于一体的"大团队"。

## 顺应政策而行，蓄力走向国际

"2017 年的时候，我们工厂就开始涉及信息化、智能化，但是硬件、软件还是不够完善，那么这一次的升级换代就是为了打通客户端、内部流转供应链等。"蒋建军表示，为了响应国家"中国制造 2025"，也为了公司内部产品的迭代升级，那时的他选择引入节能减排、环保绿色等理念，以推进整木行业定制化发展为使命，倡导美学和个性化的定制理念，专注于每个整木产品的实用性、艺术性、人性化的融合，致力于打造居国内外前列的整木家居服务运营平台，以满足广大消费者日益提高的对整木定制家具的需求。

这些年来，蒋建军始终坚持"科技兴企"，通过自主研发和"产学研"合作，拥有国家授权专利 36 项。产品畅销国内各大、中城市，并出口中东国家，在工程项目上与国内多家大型房产公司建立了长期战略合作伙伴关系，如融创集团、泰禾集团、世茂地产、金茂地产、中粮集团、万达地产、万科地产、恒大集团等。经过多年品牌积累，目前富煌木业已成为我国木门行业价值和影响力并存的品牌之一。

谈到公司未来的规划方向，蒋建军表示："在工程集采及家装消费双降的大趋势下，急需企业做小而美的细分垂直市场产品，在一米宽一万米深领域持续发力，将富煌美学定制不断推向新的发展高度。" 如今以中国式房地产发展为大时代背景，定制家居也走入白热化的发展沉淀期，认清形势、顺势而为、小步快跑、做微创新，是他为公司保持引领行业发展的地位制定的战略，他也为此不断蓄力。对于海外市场，富煌木业不断发挥在工程集采领域的规模设计、生产、交付等优势，大力推进国际化发展步伐。同时，在国内的 B2C 市场中，蒋建军倡导紧扣小而美的品牌锚定策略，大力做生活方式研究及一系列产品研发、品牌塑造、消费者对话等，坚定走高质量发展路线。

## 回望母校时光，感慨过去未来

回望在广西师范大学两年的求学时光，蒋建军说："广西师大不光教给我们学识，更给予我们学子磅礴大气的师大文化及脚踏实地的求真精神，让我们勇于创新、勇于拼搏。"这段求学经历为他带来了对系统知识的了解和判断行业的视野。最值得一提的是，他说他的自学能力在这一阶段突飞猛进，对于创新精神、拼搏精神的无限追求，为此后的工作实践提供了源源不断的内生力量。而在师大结识到的志同道合的好友，也成为他人生中的财富。他寄语广西师范大学的学弟学妹们："笃定梦想，人生永远在路上。"希望他们能够确立自己的人生目标并为之奋斗。

蒋建军带着"不忘初心，方得始终"的职业理念，不断地投入时间和精力，提升自己的技能和知识，以应对不断变化的市场环境。回望职业生涯，蒋建军认为，只有不断地追求卓越，才能在激烈的市场竞争中立于不败之地。他希望富煌木业能够成为行业的领导者，影响和改变更多人的生活。

# 齐子安：放飞梦想的无人机研究探索者

齐子安，广西师范大学生命科学学院2015级校友，现任三亚市鹏航创新科技服务有限公司总经理，三亚市鹏航创新科技服务有限公司CEO、专精特新研发项目负责人，是自贸港高层次创业人才。

**人生格言** 我始终相信，一个初出茅庐的年轻人，不想曲意逢迎，不去投机取巧，脚踏实地地工作一定能取得成功；也相信尊重常识、艰苦奋斗的人，终将把握时代机遇。

光伏巡检、河道巡检、自然保护区巡检……从鹏航创新飞出的一架架无人机，宛若在蓝天御风翱翔的猎鹰，正在多个应用领域大展身手。而这里的每一架精致小巧却功能强大的无人机，背后都少不了一位年轻有为的领航者的指挥掌舵。他就是三亚市鹏航创新科技服务有限公司创始人、广西师范大学校友平台"独秀之家·三亚"负责人、让"中国制造"无人机在行业前沿应用领域大放光彩的探索者——齐子安。

由他创办的三亚市鹏航创新科技服务有限公司，是一家国家级高新技术企业。公司专注于无人机三维重建、数据可视化管理和无人机库及云端的软件产品，创新创立首个基于虚幻引擎技术的全流程三维规划设计平台，实现颠覆性高精度展示、卓越交互体验的桌面端三维可视化编辑与展示。公司也为行业用户和合作伙伴提供基于无人机库及云端的软件产品，实现无人机自动充电、自动调度、自主飞行、自动采集和自动分析功能，使无人机巡检等应用成为真正的无人系统。全场景的无人机充电机库与自动驾驶系统，兼容多款行业无人机机型，应用于智慧城市、电网巡检、安防应急、自然保护区巡检等场景，首批获得了民航局授权的经营许可证，并在国家、省、市级大赛上荣获多个奖项，让无人机真正做到了解放人工、重塑生产力，为极致效率而生。

## 领航赛道，抉择果断

"兴趣是大海的灯塔，前行需要勇气。"从小就对无人机抱有浓厚兴趣的齐子安，早在就读广西师大这所美丽学校时，就已经将梦想的羽翼伸向了头顶的这片蔚蓝天空。2017年，意气风发的齐子安正式创立了三亚市鹏航创新科技服务有限公司。从此，他开始带领团队在无人机行业开拓性应用这一片蓝海领域扬帆起航，正式踏上属于自己的梦想征途。

由于无人机行业涉及多个不同应用领域，因此在创业之初，齐子安首要考虑的问题就是自己公司究竟该以哪条应用赛道为重心。经过一轮轮刻苦认真的市场调研，同时也在前辈老师的指导建议下，这位目光敏锐的领航人洞见机遇，很快就将视线锁定到了无人机巡检垂类赛道上。

在确定了公司无人机应用的核心赛道后，齐子安立马投入到紧张繁忙的研发工作中。这期间他又遇到了另一个难题，那就是如何确保无人机飞行的稳定性。齐子安深知，如果连最基础的稳定性都保证不了，那么后续的一切相关研发就犹如空中楼阁，根本无法实现。而面临着专利、技术保护等行业壁垒，单纯想要依靠自己团队的力量，就研创出一台性能稳定优异的无人机，根本是一件不切实际的事。

面对这样的困境，始终相信"积极乐观的心态永远是成功基石"这句话的齐子安，敢拼敢想，化困境为机遇，积极主动地与无人机龙头企业大疆创新科技公司联系沟通，进而顺利达成合作。之后，在大疆创新科技公司的技术支持下，齐子安和他的团队能以更多的精力和时间去研发核心技术。

当齐子安回忆起这一段往事，这位意气风发的团队掌舵者却又显得十分谦虚："我非常感恩。其实一个公司很难逾越大疆，如果大疆垄断，无人机行业会非常难做。但是大疆很开放，也支持我们这样的初创公司。还要感谢将我们指引到 B 端服务上的老师，这几年我们主要服务于生态环境、国土资源、公共安全、电力这些客户，团队发现无人机巡检这条赛道是非常适合的。"

## 潜心研发，砥砺创新

"无人机让世界更美好，未来无所不能。"秉承着这样的信念，齐子安带领下的三亚市鹏航创新科技服务有限公司深耕无人机行业，不断进行技术攻关，并屡屡突破创新，研制出了一批极具创新性的核心技术，公司的主营业务——无人机高精度三维实景采集与应用便是其中一项。

齐子安注意到，在三维重建领域，现有平台大多是基于网页端实现展示及交互，然而网页加载存在加载缓慢、画质指数低及帧率较低的弊端，如果能将无人机应用与三维重建相结合，再实现数据的可视化管理，那么这些问题将会得到很好的解决。于是，齐子安便带领团队针对这一技术潜心研发。伴随着无数次的素材收集、小组会议与展演视频，齐子安和他的团队最终获得了成功，并创立了首个基于虚幻引擎技术的全流程三维规划设计平台。

针对这项技术的市场应用前景，齐子安介绍道："举个例子，对于保护传统古村落，以前主要依赖人工测绘地图记录外部数据，效率低且数据更新不及时。而运用我们的无人机高精度三维实景采集技术，可以按照 1 ∶ 1 比例自动生成三维建模，永久化数字化保存，在管理端上进行数据编辑及管理分析。"

凭借这一技术与在区域规划管理细分场景上形成的优势，三亚市鹏航创新科技服务有限公司顺利与中国城市规划院等有管理、规划需求的单位达成技术合作关系。

目前，三亚市鹏航创新科技服务有限公司已有相关技术申请 35 项软件著作权，5 项产学研知识产权，实用新型专利 2 项，已授权发明专利 1 项，专利池仍在不断扩大。

谈起这些创新成果，齐子安心怀感恩："非常感谢我的母校广西师范大学，以及海南大学、武汉理工大学在技术方面给予的支持，也要感谢桂创信息公司、武汉创然公司等投资机构提供的资金帮助。"

对于未来，齐子安也表示公司将继续加大研发投入，精耕细作巡检赛道和无人机自动机库市场，在数据采集回来后的分析、应用上加深研究，并且针对不同行业强化 AI 功能。

## 硕果累累，逐梦未来

大鹏一日同风起，扶摇直上九万里。从 6 年前初具雏形的学生团队，到现今研发出多款前沿应用产品的高科技公司，齐子安和他的团队在无人机深耕道路上取得了无数成就。

2018 年，三亚市鹏航创新科技服务有限公司发布了无人机三维重建提示及交互应用产品，创立了首个基于虚幻引擎技术的全流程三维规划设计平台，并与中国城市规划院达成战略合作关系，共同推动传统村落无人机数字化建模保护工作。

2019 年，三亚市鹏航创新科技服务有限公司累计完成超千万元国家级、省区级行业无人机解决方案订单，获评国家级高新技术产业。

2020 年，三亚市鹏航创新科技服务有限公司获得悦驰资本种子轮投资 1000 万元，用于无人机前沿应用研发。同年启动闪飞自动机库项目研发，团队汇聚了机器视觉、工业自动化、人工智能等多领域专家。

2021 年，历时近两年研发测试，三亚市鹏航创新科技服务有限公司发布第一款基于物联网技术面向 B 端的无人值守机库产品 Air Dash 闪飞自动机库，累计研发投入超 500 万元，赋能行业无人机自动化。

据统计，三亚市鹏航创新科技服务有限公司作为新业态的代表，目前已直接带动无人机飞手就业岗位和无人机数据后端信息处理员就业岗位 20 个，间接带动就业岗位 50 个。

成功的硕果总要无数的汗水浇灌。在御风拼搏的梦想征途上，齐子安也时常焦虑失眠，但他始终心向九霄，常怀无人机梦想。他坚信一个初出茅庐的年轻人，不曲意逢迎，不投机取巧，踏踏实实做事，就一定会洞见时代机遇，改变世界。

# 王劼杉：秉要执本的法律人

王劼杉，广西师范大学法学院2016级校友，现任北京金台（合肥）律师事务所青工委主任，兼任广西师范大学安徽校友会会长、安徽省合肥市包河区新的社会阶层人士联谊会副秘书长等职务。

**人生格言** 道阻且长，行则将至；行而不辍，未来可期。

　　王劼杉自广西师范大学毕业以来，本着"诚信、尽责、专业、高效"的工作作风，为广大客户提供优质的法律服务，维护客户的合法权益，挽回了众多委托人的各类经济损失。

　　他所在的单位——北京金台（合肥）律师事务所是经安徽省司法厅批准成立的合伙制律师事务所，目前拥有律师及辅助人员50余人，规模还在不断壮大。该律所为客户在银行事务、金融保险领域、公司业务、刑事辩护、建筑工程、知识产权、法院执行以及民商事综合等领域提供专业法律服务。

## 感今怀昔，赠美好祝愿

王劭杉在广西师范大学的求学时光是美好而充实的。在他看来，校园里结识到的同学们都有自己独特的闪光点，他也将其视作自己学习的对象，在交流和合作中向他们看齐，不断完善自我成长。而他专业路上至关重要的引路人——导师黄竹胜，不光在生活上对他关怀备至，在学业上也给了他至关重要的指导和规划。

担任学院研究生会主席的他在校内组织举办过多次不同的活动，他说："难忘的活动有很多，比如学院的迎新晚会，研究会各个部门以及学院里的同学们都大力支持和配合，有时候排练到很晚，经过一个多月的努力，终于圆满完成。"同样的经历还发生在学院的运动会上，在运动会筹备期间，他与同学们白天需要学习专业课，训练的时间总是被挪到下午或者晚上，但带着热情的意气风发的一众运动员，却不觉得疲惫，在一次次的训练和接触中更加相亲相近，彼此收获了一段珍贵的情谊。经过了一段坚持不懈的时光，他们终不负所望，以全院参赛项目总分第一的成绩凯旋。

回望在师大的求学时光，王劭杉有太多美好的回忆，而这份回忆也被他珍惜地封存在心底，转化成了对师弟师妹们美好的期待。王劭杉对他们说："在校期间多读书，多运动，多交朋友，多出去看看。好好珍惜和享受校园时光，这段时光或许是人生中最快乐和最纯粹的时光，在这段时光里，你只要好好努力，认真学习，你距离你的梦想就会很近。珍惜同学情谊、师生情谊，去做你想做的事情，勇敢迈出第一步。"

## 奋发向上，至功成事立

"路漫漫其修远兮，吾将上下而求索。"从选择学习法律开始，到进入律师这个行业，最后获得律师事务所青工委主任职位、优秀青年律师等荣誉，王劭杉心态更加成熟和稳重的同时，能力也在不断提升，从一个默默无闻的实习律师，一步步成长为独当一面的律师。王劭杉认为最重要的是在这个过程中要常怀感恩之心，永葆进取之志。

而谈及王劭杉的职业生涯，就不得不提到他选择律师行业的原因。从小成绩优异的他高中是一个理科生，但高考填志愿选专业的时候，他并未选择停留在自己的舒适圈，而是独行其道，报考法学专业以突破自我。大学的时光让他明白自己不喜欢朝九晚五的工作，带着一颗自由热切的心，他向律师行业不断靠近，而他乐于交友、喜欢与人沟通的性格对于律师来说是一个优势。在各方面因素不断驱使下，王劭杉毕业之后直接进入了律师行业。

他一开始进入了北京金台（合肥）律师事务所工作，顺利拿到实习律师证后，经过一年半左右的时间成长为独立的执业律师。在这个过程中他慢慢学会了律师办案的一些基本技能，也对律师这个行业有了更深刻的认识。取得律师执业证书，成为一名可以独当一面的专职律师后，他开始独立办案。但要成为一名合格的执业律师，任重而道远。这意味着不仅要精通法律，具备扎实的理论功底、较强的学习能力，更关键的是能将所学的专业知识运用到实际办案当中。回忆起一年半的实习时光，对于指导老师任印华律师的知遇之恩，他常常感慨："老师敢于放手让我去做一些事情，对于我来说是非常大的鼓舞，心态上很大的改变就是我从法院开庭审理前的紧张到现在的从容自信。"

## 恪守不渝，谈行业感悟

王劭杉律师擅长处理民商事合同、企业各类经济纠纷等案件，以及争议解决、商业谈判等，为客户提供全方位、高品质的法律服务。他认为一名律师需要具备诸多方面的素养："首先，扎实的法律知识和技能是必不可少的，包括掌握法律规定、法律原则、法律程序等方面的知识；其次，良好的沟通能力与对细节和精度的把握，要对自己有更高要求。"良好的沟通能力不仅仅体现在法庭上，还有面对他们的客户、同事时能认真地倾听并给予回应，能够高效率地找出每一场官司应对的思路和方案。对于细节和精度的高度把握，则是为了确保律师提供的法律文件和意见准确合规，这是决定一个案件能否成功的至关重要的因素。王劭杉表示，至关重要的一点是，作为一名律师的职业道德与标准，他说："执业过程中应始终遵循律师的职业道德与准则，最大限度地维护当事人的合法权益，树立正确的价值观念，不以金钱为人生唯一追求目的，时刻把遵守职业道德和执业纪律放在首位，树立法律信仰，遵守法律底线。"

王劭杉所在的律所要求律师具有良好的职业操守及专业水准。律师们大多毕业于国内知名大学的法学院，如清华大学、武汉大学、中国政法大学、西南政法大学、华东政法大学等，其中硕士以上学历的律师占比60%以上，具有体制内工作背景的律师占比50%，部分律师还具有注册会计师、注册税务师、建造师、造价师、基金及证券从业资格证或高级人力资源管理师等其他职业资格。

"道阻且长，行则将至；行而不辍，未来可期。"这是他一直奉行的人生格言，而他也将践行着这句话，为自己热爱的律师事业坚持不懈。

# 高凡：为孩子创造
## 第二个"成长之家"

高凡，广西师范大学经济管理学院 MBA2016 级校友、现任迈吉科（武汉）教育咨询有限公司总经理，湖北校友会会长。她始终心怀教育理念，用爱心与专业致力打造"家门口的托育园——儿童之家"。

**人生格言** 不要刻意成为成功者，要努力成为有价值的人。

高凡，2010—2016 年一直从事房地产相关工作，独立运营商务酒店、幼儿园投资等项目。2016 年后，她由于两个孩子母亲的身份，更向往教育行业，想了解儿童经历对人生的影响，于是在 2018 年研究生毕业后，再度投入到婴幼儿教育行业的学习，并获得美国蒙特梭利国际认证教师资格证。此后她创立了迈吉科公司，开办了"家门口的托育园——儿童之家"，成为一名具有丰富育儿经验与理论基础的教育者，无条件支持在育儿道路上遇到困难的家长，亲眼见证了每个孩子的变化与成长，也亲身体会到婴幼儿教育行业专业化的必要性和极大的需求空间，并在不断地摸索中走出了属于自己的路。

## 做孩子的陪伴者、发现者、支持者

"这份事业起源于自己一份小小的初心，感觉就像在做友善且有意义的小事情。我自己是一位妈妈，正好市场有这方面的需求，所以就去做了。"在谈论起为什么选择开一家幼小托机构的时候，高凡这样说，在以自己方便为主的同时，为周边的家长提供便利，帮助她们为孩子提供更好的成长环境。相较于传统模式的幼儿园，高凡的"儿童之家"十分个性化，并且小而精，一个班大约十几个孩子，总共两个班，用她的话来说，小班化教学做得更专业，老师们能够更好地陪伴孩子长大，了解每个孩子的特点，从而开展有针对性的教学。她表示，做幼儿教育肩负的责任很大，要对每个孩子负责，不能盲目地追求规模，现在这样就很好。

在学习了蒙氏理念，获得美国蒙特梭利教师资格证后，高凡了解到孩子在能够独立行走后会发展出很强的语言和社交的需求，在这方面，需要专业的老师去指导。除了园里的日常教学外，家长们回去之后有任何育儿问题也可以咨询，老师会悉心地给予建议，帮助家长改造适合孩子生活的家庭环境，让孩子在家里也能有一个独立的环境，而不是到哪里都是成人的环境，可谓全方位、全天候地呵护孩子的成长。"光靠学校的培养是不够的。"高凡表示，"除了学校老师的引导，家长也应该同步引导。比如一些孩子语言发育缓慢，在排除先天因素后，我们会了解孩子是否食物过于精细，那么饮食结构可以适当调整；是否语言环境不够，那么告诉家长可以提供哪些语言环境。比如一些孩子独立性方面不够强，有的孩子两岁半还在穿尿不湿，两岁以后的孩子完全有能力逐步学会自己上厕所，在这件事情上，学校和家长要保持一致性，才能帮助孩子从心理和行为上很快戒掉尿不湿。在孩子这件事上，双方的努力一定是缺一不可的。"

蒙氏的教学理念是：尊重每一个孩子发展的步调，支持他自己成长。大人总是希望孩子怎么样，实际上应该是孩子需要什么，我们发现他们的需求，并给予支持。在孩子成长的每个阶段，尽可能让他们自由发展。"很多家长表示希望自己孩子来我这里学习一年，能学多少字多少词，目的非常明确。我理解她们，现在都是'卷'家长、'卷'孩子，但我们的教学理念就是尊重孩子的成长规律，过早地干预会遏制孩子的成长，特别是3岁前，给到孩子更多的探索，对他们的专注力、独立性的发展有很大帮助。"高凡说道，"我们会从行动上看到孩子内心的需求，比如有的孩子特别喜欢趴在地上，老师就去观察他在干什么，原来这个孩子能找到地上很小的东西，能够注意到细节的变化，那老师就会在这方面给到孩子支持，而不是不许孩子趴到地上。对于这阶段的孩子来说，说教没有用，更多的是引导，并且言传身教。我们对老师的动作、微表情也会有一定要求，因为孩子会不自觉地模仿。此外，老师们每周也会组织内部学习，探讨问题，不断提升各自的教学水平。"

## 每一个孩子都是独一无二的小星星

"园里的孩子几乎都是家长介绍过来的，我们很少做市场推广。"高凡对此十分自豪，"老师们的负责、专业，包括我们的环境，给孩子带来了特别大的变化，家长们都看在眼里，对我们也很信任。"

在教学的过程中，"儿童之家"也会遇到一些患有孤独症的孩子，除了特教训练外，老师们也会给予家长一定的支持。及时发现孩子的问题，积极与家长沟通制定方案，真真实实地帮助有社交障碍、语言迟缓的孩子与人交流，这些成就比金钱带来的成就更有意义。高凡表示："我和老师们更多的是带着使命感在做一份事业，而不仅仅是一份工作。"

相较于传统幼儿园，"儿童之家"对孩子不设任何限制。高凡和老师们鼓励家长去发现自己孩子的特点，不要因为外在的影响，而阻止了孩子在属于自己舞台上的展示，能够自信表达的孩子都是好孩子。对于3岁之后的孩子来说，他们学习的内容更多。学习的内容不单单是今天认识几个字、几个图片，更多的是能够独立完成很多事情，并通过对自己的认可而发展出自信心。直观来说，例如原来孩子不会穿鞋，但是现在会了；原来不会自己吃饭，现在可以了。给孩子树立这方面的自信，比"你好棒"这类空洞的夸奖要来得更加实际。

蒙氏教育最大的特色是混龄教育，"儿童之家"并未按照孩子的年龄去分班，而是混龄分组教学。在这样的环境下，更大一点的孩子会学着主动承担起一个哥哥姐姐的角色，去照顾其他小朋友；而小一点的孩子会主动融入陌生的环境，能够促进孩子的同理心、领导力、社交的发展。通过这样的培养，家长们普遍给到的反馈是：孩子经过这样的成长，上小学后的适应能力特别强。"蒙氏强调学习不是一部分，而是全部，不仅仅局限于课堂，生活中的方方面面都可以是孩子学习的对象。"高凡表示，"在我们这里，不是说孩子到哪个年龄就必须要去学习什么，而是老师观察到，你对数字敏感，而另一个小朋友对大小敏感，那么老师会对不同的孩子给予不同的示范和支持。我们有几千种教具，以满足不同孩子个性化发展的需求。"

"我们的工作其实也是在帮孩子们发声。"高凡说道，"每个孩子都应该被尊重，比如年龄小的孩子动手打人，家长会觉得这个孩子怎么能动手，但是我们知道这是因为孩子目前表达能力不够，只能用肢体去表达，不应该被大人误解；比如孩子会哭闹，我们会去了解孩子在哭背后的需求，知道孩子情绪变化的原因，这也是我们这份工作的意义所在。"

## 未来的路很长，要脚踏实地地走

在开办幼儿机构的过程中，也会遇到一些困难，例如与传统育儿理念的冲突，又例如之前疫情带来的影响等。当问起疫情防控期间园所是如何坚持下来的，高凡笑道："当然是亏损下来的，那时候总想着能够坚持就坚持。"哪怕当时在封闭期间，园里和家长的联系也没有中断，老师们会制作一些视频，比如手指谣；还会教家长做一些小的教具，每个老师会分工做不同的视频内容，各司其职，家长们都很感兴趣，孩子们也愿意学和玩。"许多家长都和我们表示：你们一定要开下去，也不要放寒暑假了，放假的话，孩子怎么办？家长们的认可是我们坚持下去的动力。其实我们的同行很多，因为新冠疫情关闭改行的也有很多，有些人虽然热爱，但是因为一些客观因素没办法坚持。现在有一群人愿意跟着你，为了他们的认可，和我对这份事业的喜爱，所以决定继续坚持在这个岗位上，我不想轻易说放弃。而且我们的骨干老师都是从开园之初一直跟随我到现在的，这么多份信任让我觉得坚持是有意义的，是值得的。"高凡深情地说道。

谈起在广西师范大学的学习经历，高凡表示："学校的老师特别好，很有亲和力，在多年以后回到校园还能够有这样的体会，是很难得的，觉得非常温暖。我们班级也很团结，大家来自各行各业，聚到一起学习和交流，不仅开阔了视野，对未来的发展道路也有了更多的思考。师大的老师更像是我们的朋友，不仅为我们每一个学员着想，也会给予我们支持。最早的时候我对3岁之前的教育不是很懂，也不了解这个行业，老师毫无保留地介绍了有相关资源的校友给我认识，帮助我学习和了解这个行业，给我后来开办'儿童之家'带来了很大的帮助。"

"对于教育，我认为是不适合急功近利的，也不适合资本的过度介入，如果一上来就快速地扩张，对教育质量会带来严重的隐患。我更加坚信做小而精的模式，特别是一群宝妈聚在一起，大家愿意去学习，愿意参与到一线进行管理，志同道合的人因为共同的理念聚集在一起，愿意把育儿当成一种信念和事业，才会做得更好。"谈起对未来的规划，高凡说道，"如果我们的老师愿意自己开园，我会非常支持，把我们的教育理念传播出去开枝散叶。我们与同行也会有很多交流，大家会一起讨论在教学中遇到的棘手问题，还会邀请更有实力和阅历的老师指导我们，有什么困难大家都会互相支持。我相信，在这样的行业氛围下，我们一定会走得更远、发展得更好。"

# 王启华：做对社会有益的事和产品

王启华，广西师范大学经济管理学院 MBA2016 级班校友，现任惠州市隆顺化工有限公司的总经理。其公司与中国标准设计研究院合作编制了专用隔声图集，引领中国的隔声涂料发展。

**人生格言**  天生我材必有用。

广东省辖内，有一座别名"鹅城"的历史文化名城，它地处粤港澳大湾区东岸，背靠罗浮山，南临大亚湾，境内东江蜿蜒而过，自古便是东江流域政治、经济、文化的中心地。它便是"岭南名郡""粤东门户"——惠州。在这座文化交融、兼收并蓄的城市中，王启华白手起家，从无到有创立了惠州市隆顺化工有限公司，这是一家集研发、生产和销售于一体的大型涂料及材料企业。

王启华毕业于广西师范大学 2016 级 MBA 班，现担任 MBA 广东校友会副会长、2016 级 MBA 联合会主席。"过往的经验基本来自自己在社会上的摸爬滚打，缺少企业管理和运营等方面的专业知识。"谈到为什么会到广西师大求学，他认为在学校里可以学习到更系统的知识，以弥补自己在这方面的不足；同时通过这样一个学习的机会和平台，可以向更多优秀的人学习，使自己获得成长和进步。

## 坚持做自己擅长的事情

早年间，王启华就一直从事化工方向的技术学习和工作。1998 年大学毕业后，他进入了湖北宜昌的一家国营汽车厂，在前处理车间担任技术员，负责汽车用钢铁材料的硫化处理和喷漆阶段的技术处理。"我在学校里学的就是精细化工，参加工作后也一直从事这个方向的工作。汽车生产是要用到涂料的，所以说从参加工作开始至今就一直和涂料打交道。"

"我老家是湖北黄冈的黄梅县，我们这样从农村出来走到城市里是很不容易的，当时自己一直有生存方面的压力，靠一个月几百块的工资，是没办法在宜昌立足的。"在国营厂里干了两年之后，王启华选择离开稳定的舒适圈，到民营企业的市场上去拼搏。2000 年前后的国内，涂料尚属于新兴行业，国产的极少，大多都要从国外引进。在这片蓝海中，他凭借务实严谨、踏实拼搏的个人作风，逐渐在圈内打出了一定的知名度。2003 年，在一位老板的邀请下，他来到惠州发展，与其合伙继续从事涂料方面的行业。

"2008 年正值房地产的红利期，我拒绝了那位老板拉我一起转行做房地产的邀请，决定留下来继续干涂料。"王启华认为，虽然当时干房地产来钱更快，但这并不是他熟悉和擅长的领域，他不想影响这位合伙人的发展。于是，他留下来在原先的基础上成立了隆顺化工，并一直坚持至今。"人还是要清晰地认识自己，做自己擅长的事情，不能轻易地被外界的诱惑蒙蔽。我和那位老板后来一直都是亲密的合作伙伴和朋友，如果当时选择去做自己不擅长的房地产，未必是一件好事。"

## 坚持做"引领市场需求"的创新产品

多年以来，技术出身的王启华一直在自己的专业领域深耕细作，力求做出技术更新的产品。2016 年之前，隆顺化工一直以传统涂料为主营业务；2016 年之后，王启华决定转换方向，做出解决各类市场上"疑难杂症"需求的材料。"在立邦、三棵树这样的大型企业和品牌的压力下，中小企业在传统涂料市场已经没有多少生存空间，如果不转变思路，被兼并和消亡是迟早的结局。"他认为，只有寻找并解决一些传统企业和产品无法解决的需求，才是企业未来的出路。"市场上别家无法解决的问题，我可以解决。"在王启华的带领下，隆顺开始坚持做这种特殊的差异化市场，不断践行技术革新的理念，在变化中求发展。

随着中国房地产由增量变为存量市场，加上国内多年来道路基建的持续发展，王启华判断，未来几年国内大量的道路和建筑都将进入维护期。他敏锐地抓住了"修复"这一细分需求，通过多年的研发，成功生产出一款速干、高承重、高抗折、高防渗水的水泥修复产品，可应用于各类路面、建筑等的破损快速修复。

说起这款产品可谓话长，产品前身的研发最早仅仅是为了顺便帮助开发商修复小区路面。小区的道路可能因水泥配比、施工不当、养护不到位等因素，在使用一段时间后出现"沙化"现象，即路面出现细砂和破损，不仅影响美观和通行，同时会有不小的安全隐患。在附带帮助开发商解决这类问题后，王启华秉承着技术人员的攻关精神不断进行思考和研究，小区道路的日常使用强度和修复要求并不算很高，产品能不能用于外面的公路修复呢？尤其是高速公路，以及高载重大货车、挂车频繁往返的国道和省道，不仅要修复时间快，还要能承受高行驶强度和高载重能力。若修复后没多久又一次破损，那么肯定是不合格的。怀揣着对实际场景下需求问题的思考，他带着技术人员不断进行配方和配比的研究和实验，最终开发出了这款适用于各类高强度和复杂使用环境的新型修复产品。

"传统的路面修复，一般要 7—10 天，我们这个只要一天，第二天就可以通车，完全能够满足'今天修明天跑'的高要求。"王启华自信地介绍道，"不仅如此，我们产品的承重力，比原来的水泥、柏油路面还要高。"这款新型修复产品的抗压强度比正常的混凝土 C35 的强度标准值还要高 6 个数值，抗渗等级高达 P12（军工级为 P8—P10），同时具备超高的抗折强度。

正因为王启华的钻研攻关，早期仅仅作为附带型服务的产品，如今已经成为能满足各种户外高强度、复杂环境路面修复的前沿创新产品。"我们已经和交通运输部的公路科学研究院展开合作，不仅得到了官方部门的大力肯定，也得知国内目前尚没有我们这种同类的产品，包括西卡这样的老牌知名外企也做不到。"王启华自豪地说道。目前，这款新型修复产品已经经过了多个使用场景和单位的实践和认可。例如，中石化将大批量地使用隆顺的这款新型修复产品，用于各地加油站内的路面快速修复。众所周知，加油站每天进出车辆频繁，尤其是载重大车非常多，省道、国道沿线的加油站更是如此，站内路面的凹陷、破损、碎裂就是家常便饭。传统的修路方式时间久，不仅大大影响加油站的运作效率，也无法保证修补后在大重量和高频次下的耐用性，而隆顺研发出的新型修复产品则能很好地解决这样的痛点。此外，该产品也受到了中建六局、山东高速等国家基建单位的青睐。

## 坚持做诚信有益的事

在王启华的经营理念中，"做对社会有益的事情和产品"是他一直坚持的信念。"我坚信做每一件事、赚每一分钱都是有因果的，骗人的钱我是不赚的，良心会感到不安，我会觉得那不是属于我的。"王启华强调，他们的创新产品的所有技术指标和检测报告都是真实的，没有一丝一毫的作假，"行就是行，不行就是不行，我从来不干弄虚作假的事情，这是我源于技术的自信，也是做产品的信念。"

他不仅对产品有执着的严谨，对经营也坚持着自己内心的原则，并形成了公司的文化，"我们的产品能做到什么样，就是什么样，千万不要去欺骗别人，做生意就是做人，你只要愿意相信我，我肯定对得起这份信任。"王启华希望将自己的这份"正能量"信念传递给更多的人。

经过王启华的不懈努力，公司的创新技术与产品逐步得到了当地省市政府和相关主管部门的重视，将其作为当地的产业名片向外省推广。未来，王启华还将在技术创新的道路上走下去，开发出更多满足市场需求、解决疑难问题的新型产品，为国家和地区的基建发展出一份力，同时也将他的理念传播给更多的业界伙伴。

# 李清彦：孜孜不倦而后功成业就

李清彦，广西师范大学经济管理学院MBA2017级校友，现任河南鑫顶智教育科技有限公司董事长、郑州大学人才开发战略研究中心执行主任、兼职教授，河南农业大学硕士生导师，河南理工大学企业发展与创新管理研究中心副主任、教授。

**人生格言**　利他之心，多做好事，多做善事，不求回报。

在李清彦身上，有很多标签：教授、硕士生导师、公司董事长等。但他说，让他最感动的是一名"师大人"这个身份。

大学刚毕业的他，赶上全球制造业的发展期，工厂林立，经济发展迅速。他选择到广东工作，先后辗转东莞、广州、惠州等地，从基层员工一路升到总监，这些难得的经历锻炼了他的心智，让他获得了丰富的经验。后来，他又到江西工作，再回到郑州发展，一路走来，可谓翻山越岭，酸甜苦辣都有，终到教育领域深耕。他一直在学习探索中不断追求，取得成就之后也不忘奉献利人。"利他之心，多做好事，多做善事，不求回报。"正是他的人生格言。

## 砥砺琢磨的日日夜夜

李清彦对事业敢拼敢闯，对学习有无限热情，同时能慎重行事稳步前进。

那年他临近大学毕业，经熟人介绍，在学校里当了半年的计算机老师。外人看来稳定又对口的工作实在令人羡慕，但偏偏他的心里藏着一颗不甘平淡的心。他开始接触学习秦骏伦的创新经营课程及陈安之、韩庆祥、刘峰的成功学、营销管理以及领导科学与领导艺术，而后他按捺不住内心的躁动，心里要干出一番事业的种子不断发芽。

2001年，他来到广东，那时赶上全球制造业的快速发展时期，紧张的工作之余，他在2004年考取了当时中国第一批人力资源管理师证书。

面对当时速度不断加快、形式逐渐多元的市场发展，想成为行业顶尖的人才就得不断学习，不断更新自己的知识体系。各个行业都在创新成长，与时代和社会一起进步才不会被社会淘汰。因而在广东的第一个月，他就去办理了一张就近图书馆的会员卡，然后开始了日日夜夜风雨无阻的研学深思，在不断加强自己专业知识的同时，他也一直在寻觅能将知识运用于实践的机会。

那时的他并没有什么工作经验，还在试用期就被公司解雇，这使他十分失落，但也成为他内心最大的动力。他更加努力，夜以继日地揣摩、探索自己如何才能在行业中落地生根、建功立业。李清彦以破釜沉舟的意志，砥砺研思，功夫不负苦心人，他的努力也得到了回报，之后他成功加入当时世界五百强的台资企业光宝集团，而后辗转东莞、广州、惠州等地，从基层员工一路升级到总监。

## 躬行实践的历练时光

在光宝集团工作的日子，他修身慎行，大大提升了自己的工作能力和对市场的敏锐度。

2003年，李清彦在光宝集团已做到科长这个职位，对工作、市场了然于心。但他不愿止步于此，为了学习到更多更深层次的东西，他开始深度剖析市场，抓准时机，跳槽到日港合资五百强企业田岛集团继续职场之路。而在田岛集团的那些年，可以说是他职场上的黄金时期。在这里，他赢得了集团领导的充分赏识，被寄予厚望。在担任总监的同时，他被允许去更广阔的空间探索。面对现如今的市场，走怎样的道路，应该怎样改变战略战术，该如何与公司配合好做出成绩，创造更多的价值……他不断思考钻研，为公司出谋划策，分析市场提出方案，同时也享受着高薪酬和高福利。从基层到总监的过程尽管万般不易，但因为他有着一颗不停学习、不断进取的心，能够一步步晋级。

而事业如日中天的他并未选择在这条路一直走下去，而是果断跳出自己的舒适圈，寻找新的挑战和机遇。

2007年，李清彦离开广东去到江西，进入江西四特集团担任人力资源部部长。这是他的一片新天地，他悉心毕力，争取每一次学习的机会，把自己曾经的经验与当时的情况结合，在无数次的实战中把自己的视野和能力拔高了一个又一个维度。

2008年，李清彦借助四特的平台返回郑州，工作之余，考取了河南省第一批国家一级人力资源管理师证书。之后又先后任职香港锦艺集团、广州柏明顿管理咨询集团，从外资到民营再到管理咨询。

2010年，他受邀成为郑州科技学院客座教授，同年开始教授人力资源管理师国家职业资格课程。

2013年，李清彦以柏明顿管理咨询集团合伙人及项目总监（这期间主导完成20多个管理咨询项目）的身份应聘至上市房地产企业伟业集团，任职人力资源总经理、助理总裁。后又转战其他大型企业任职副总裁，直至结束职业经理人生涯。

2015年，李清彦被聘为河南工业大学兼职教授。随后，他创办郑州顶智企业管理咨询有限公司和河南鑫顶智教育科技有限公司。2020年，他考取了国际注册管理咨询师（CMC）证书。2021年，李清彦被聘为郑州大学人才开发战略研究中心执行主任、教授。2021年，他任教郑州大学，教授人力资源管理专业相关课程。2021年，他被聘为河南农业大学硕士生导师，开始辅导研究生。2022年，他考取了国家一级电子商务师证书。2023年，他被聘为河南理工大学企业发展与创新管理研究中心副主任、教授、硕士生导师。

## 对企业发展的运筹帷幄

在管理行业多年的打拼，让他对现如今的市场、行业和涉及群体都有了自己独到的见解。

"没有目标的努力几乎是无用功，通过多做事来扩大自己的知识面和交往面，注重心态的重塑和内功的修炼，最为重要的是要有强大的行动力和意志力的加持，以此来提升个人的核心竞争力。"这是李清彦对于工作的看法。他希望年轻的一代能更有自己的内驱力，不断提高自己的核心竞争力。

而对于企业管理，他认为不同层级的管理者所需要的能力也是有一定区别的。比如高层的管理者就是将任务分配给员工，做好教练辅助。而这个分配工作也并非易事，它需要管理者有系统思考、顶层设计能力、战略高度和经营视角。而将目光看向基层管理者，则更需要专业能力，例如专项事情的解决能力、专业技术能力等。李清彦表示："关于知识结构及调整，硬实力、软实力、更新力一个都不能少。"

面对如今的市场，人才的价值显得尤为重要。"在激烈的市场竞争下，企业都面临很多问题，特别是人才的获取和人才的价值创造，对企业发展至关重要，是企业获得竞争优势的源泉。企业对人才的概念虽然大致相同，可往往行之的效果却截然不同。"在他看来，人才是可贵的，对于企业管理来说，最难管理的就是员工，他们有思想、有灵魂，要考虑到许多要素，同样他们也会随着企业管理的变化而不断变化，怎样才能激活员工的激情和价值是最为重要的。

一路走来，面对市场的惨烈竞争，他的内心始终从容自如。在他看来财富是一种努力的结果，不是毕生的追求，人最重要的是活在当下，学会幸福，对企业、社会和国家有所贡献，有所赋能。

# 张永乐：用数字赋能引领建筑服务的践行者

张永乐，广西师范大学政治与公共管理学院 2002 级校友，现任思泓集团董事长，先后成立江西思泓职教科技有限公司、江西银泰人力资源有限公司等企业，开发"建筑联盟"APP。2018 年，张永乐荣获"江西省十大互联网自主创业领军人物""青年互联网创业先锋"荣誉称号。

**人生格言** 只有奋斗的人生才称得上是幸福的一生。

"只有奋斗的人生才称得上是幸福的一生。"这是江西思泓职教科技有限公司董事长张永乐一直信奉的人生格言，而他也正在以踔厉奋发、勇毅前行的姿态践行着这句话。2015 年毕业后，他奋斗不止，创办了江西思泓职教科技有限公司等数家公司。

在漫漫创业征途中，张永乐始终不畏艰险，立足本职，埋头苦干，取得了一个又一个成就。2018 年，张永乐荣获"江西省十大互联网自主创业领军人物"、江西省互联网创业协会"青年互联网创业先锋"荣誉称号，并成为南昌市互联网创业协会副会长和南昌市高新区企业家联合会成员。

## 变中求胜，数字赋能

思泓集团总部位于江西综合实力最强的国家级开发区——南昌市高新区，旗下拥有江西思泓职教科技有限公司、江西顺盛建工技术服务有限公司等多家分公司。

日新月异，技术更迭。随着数字时代的到来，作为传统行业的建筑业也进入数字化转型的高质量发展新阶段，并且呈现出新的需求与趋势。张永乐洞见机遇，迎接挑战。在他的引领下，思泓集团在产品研发上投入大量资金，致力于为建筑企业提供专业的技术支持和解决方案，帮助传统企业采用先进的数字化管理系统，有效降低企业的运营成本，极大地提升了中小企业的竞争力。

张永乐还率领集团研发出了多款"互联网＋建筑"的线上产品，并获得了几十项国家软件著作权。如建筑行业管理系统"建企管家"，这是思泓集团打造的一款建筑 OA 办公管理系统，由思泓网络技术部独立研发，不仅拥有基本的考勤、通信、审批日常功能，更有证件、招投标、经营、税票等为建筑企业研发的专属功能。这款高效、精准的智慧办公软件，打破了传统建筑业停滞不前的行业趋势，为企业节约了经营成本，提高了工作效率，收获了全国大小建筑企业的一致好评。

另一款由思泓集团打造的，权威、专业、便利的立体化共享建筑教育平台——"建筑联盟"APP，集在线学习、培训、考试、求职招聘、人才共享、信息查询于一体，帮助学员实现"轻松考证，高薪就业"的愿望，助力建筑教育迈向新的航向，是建筑企业及相关从业人员的必备 APP。

新时代，新趋势，张永乐变中求胜，迎难而上，率领集团在建筑企业高质量发展的道路上奋勇争先，取得了一项又一项创新突破，让思泓集团领军建筑服务行业。集团旗下江西思泓职教科技有限公司荣获国家级高新技术企业、2018 年度电子商务行业最具品牌价值奖等多项国家级荣誉称号，成为南昌市互联网创业协会副会长单位。2019 年 4 月 11 日，经中共南昌高新区非公有制经济组织和社会组织委员会批准，中共江西思泓职教科技有限公司支部委员会成立。

## 开拓创新，培养人才

一直以来，张永乐秉持迎难而上、开拓创新的宗旨，全身心地致力于建筑教育培训行业，致力于打造建筑行业人才供应基地。目前，思泓集团的教育培训业务涵盖建筑类执业资格、岗位证书、资质托管服务，消防类、人保技工类等类别的人才培养和供应业务。

比如思泓集团旗下的南昌市思泓职业学校，师资力量雄厚，教学作风严谨，是国内领先的建筑企业一站式人才供应基地。南昌市思泓职业学校为建筑企业提供的服务包括建筑八大员培训、建设职业技工证培训、建筑业三类人员证书培训以及学历提升等。

此外，思泓集团旗下产品银泰人才网也在积极为建筑业输送人才。在张永乐的领导下，银泰人才网拥有丰富的企业资源，并以就业作为导向，将"产品创新 服务极致"作为核心经营策略，采用"线上 + 线下"互动招聘的新模式，致力于为人才和建筑企业搭建高效对接的平台，实现人才和企业的共赢。同时，为加强办学质量，银泰人才网与国内各大职业院校联合办学，共同培育人才。

在张永乐的不懈努力下，思泓集团通过线上和线下互联的模式，为建筑行业培养出了一批批专业型人才，为建筑企业培养出了一批批持证上岗型人才，更为广大人民群众提供了众多再就业的机会。

## 关爱员工，回馈社会

在岁月的磨砺中，思泓就像一颗带着梦想的种子牢牢扎根而后破土而出，并快速、稳健地成长。八年来，张永乐不忘初心，带领员工砥砺前行，公司已从初创时十几个人的小团队，发展到拥有几百名员工及多家分公司的跨地区、跨行业的大型集团企业。思泓的今天，承载了几千个日夜的风雨历程，也承载了几百名员工的创业激情。

一路前行，风雨同舟。张永乐始终秉承"以人为本"的管理理念，让员工感受到企业温度。在张永乐领导下，思泓集团积极给予患病住院员工帮助，并在每个重大节日为员工发放暖心福利、节日礼品、生日祝福……思泓集团送出的不仅是礼品，更是对员工的真诚关怀。

同时，张永乐始终怀揣感恩之心，尽其所能服务、奉献、回馈社会。他专门出资设立了"张永乐励志奖学金"，担任江西"一路有你"公益服务中心副理事长，携手"1%工程"慰问九江抗洪一线干部群众并捐赠8万余元的救灾物资，到井冈山神山村慰问老党员和革命烈士家属……这样一位领头羊一直努力带领思泓集团，为社会持续贡献力量，始终走在爱心、暖心的道路上。

张永乐认为，勇者从不回头欣赏过去，因为太阳每天都是新的，而"变中求胜"是思泓永恒的主题。他希望思泓集团用超前的理念、完善的制度、精细的管理、真诚的服务，深耕细作于建筑服务领域，大力推动企业自身可持续发展。

"路漫漫其修远兮，吾将上下而求索。"在新的挑战和机遇面前，张永乐将继续持之以恒，带领着每一位思泓人为中国梦的实现持续贡献力量。

# 樊礼：乘风破浪的IT企业掌舵人

樊礼，广西师范大学经济管理学院 MBA2017 级校友，现任深圳市南华中天科技有限公司总经理，其公司研发推出的聚合收款平台、主机管理系统、梦飞云管理平台等产品与服务广受用户好评。

**人生格言** *格物明德、知行合一。*

"创新梦想科技，共享网络生活。"以此为使命的深圳市南华中天科技有限公司自 2005 年成立以来，始终坚持以梦想为动力，以科技为工具，以创新为思想，深耕细作于互联网领域，致力于向客户提供满足其需求的互联网产品、服务和解决方案，使他们的期望目标超出预期，尽情享受轻松自由的网络生活。其研发推出的聚合收款平台、主机管理系统、梦飞云管理平台等产品与服务广受好评。

樊礼，正是带领这家高新企业，在互联网蓝海中乘风破浪十数载，并取得无数辉煌成就的掌舵人。

## 洞见时代机遇，成就卓越事业

大学毕业于计算机及应用专业的樊礼，对计算机市场有着敏锐的专业洞察力。2003年，他在东莞一家港资企业担任电脑部经理。当时，QQ聊天非常流行，国内互联网网站和论坛也是百花齐放，网络市场呈现出一片欣欣向荣的发展景象。一直精进专业学习的樊礼，便以discuz和phpwind为基础架构，自学搭建了IT考试论坛网站。很快，樊礼就发现当下的网络市场，对网站空间和服务器的需求巨大。樊礼捕捉到这一市场机遇，于是购买了服务器，并将其托管到上海电信机房，拥有了属于自己的独立网站空间。此后，他以自用或出租网站空间的方式，开始进入IDC虚拟主机行业。

在樊礼的潜心运营下，他的IDC业务取得了巨大成功，也逐渐在这片领域积累了丰富的经验和资源。2005年，樊礼在深圳南山区成立深圳市南华中天科技有限公司，主要经营数据中心的服务器租用和托管的业务。在樊礼的率领下，深圳市南华中天科技有限公司运用先进的技术、优质的解决方案、完善的服务，获得了众多内地客户的肯定和美誉。于是樊礼乘胜追击，深耕技术，开拓市场，很快就将公司业务扩展到中国香港、美国、欧洲等地，为国内企业和个人的业务全球化提供夯实的网络支持。

经过近20年的努力耕耘，如今，樊礼的公司已发展成为IT行业的领先企业，在重庆和香港设立分公司，拥有几十件专利和软件著作权，获得知识产权管理体系认证、工信部增值电信业务许可证、国家高新技术企业认证，并正在申请成为专精特新"小巨人"企业。

## 保持终身学习，雕琢完美团队

身为这样一家杰出企业的掌舵人，樊礼在公司刚起步时就深知，互联网IDC业务主要是提供IaaS和SaaS的产品，而在几大巨头企业激烈竞争的背景下，中小微企业要想长期生存下去，就只有利用好自己的资源优势，在利基市场中寻找到自己的定位和客户。但如果企业需要融资或上市，则需要加强技术研发，加大网络和硬件投资，为 AI 和网络应用的赛道提供更多服务。

深耕行业多年后，樊礼也更加深刻地认识到，当前我国正在从网络大国向网络强国阔步迈进，而自己公司所处的行业领域正位于科技风口和发展前沿，因此个人的技术学习，也必须要快速跟进。

于是，樊礼在不断积累实践经验的同时，也致力于提升自己的专业技能，持续学习。他于 2019 年开始在海外留学，至今已在计算机网络、环保研究、管理哲学研究等三个专业领域，获得了两个硕士学位和一个博士学位，为企业的全球化发展做好充足的理论知识储备。与此同时，他还不断培养公司团队，带领团队成员积极学习，砥砺奋进，研发出了多款创新软件，促进了公司数字化和智能化发展。现今，他正争取让自动化的工作提高企业效率，加强内部风控，降低经营成本，使企业的核心竞争力得到进一步增强。

## 常怀感恩之心，传承母校精神

在拼搏路上取得无数成就的樊礼，对母校广西师范大学满怀深情与眷恋。回忆起在师大经管学院的读研岁月，樊礼要特别感谢自己的导师陆奇岸教授。

"陆奇岸导师治学严谨，读研期间给了我非常大的帮助。在我们做课题时，陆奇岸教授不辞辛苦。他白天上课，晚上指导我们撰写论文。即便是凌晨，他也会认真回复邮件，帮助我们梳理逻辑，调整框架。因为他的辛勤指导，我的论文才有机会被评为优秀论文，我也获得了优秀毕业生、MBA 精英等称号。还记得2018 年，我组织团队在中山大学获得了中国 MBA 创业大赛华南赛区的第一名，随后我去上海交大参加中国 MBA 创业大赛决赛。陆奇岸导师下午还在贵阳开会，晚上就飞到上海支持我们，为我们加油鼓劲，帮助我们圆满完成比赛。"说起这些，樊礼心怀感激。

在师大的学习时光，同样让樊礼对师大校训"尊师重道，敬业乐群"这八个字有了更加深刻的理解。樊礼表示："师大教会我如何管理工商企业，师大的校训则深刻督促我，要在人生路上不断努力，积极实践企业战略管理，独立研究行业理论知识。"

毕业后，樊礼加入地方校友会组织，同优秀的师兄师姐一道，传承母校精神，使母校精神在深港两地发扬光大。他告诉自己的学弟学妹，要在广西师范大学努力学好知识和本领，尊师重道，敬业乐群，为以后的工作和生活打好基础。只要积极乐观努力前行，不断超越自我，相信梦想终会达成！

"格物明德，知行合一。"这是樊礼的人生格言，他也一直在以昂扬向上的奋斗姿态践行着这句话。当谈及未来可能遇到的风险挑战，这位怀揣梦想、拥有远见卓识的掌舵者却一派坦然。他说，人生就像一场修行，生活中遇到的事情纷杂繁多，原本觉得很严重、令人难受的事情，事后回头看，也不过是人生漫漫溪流中的一朵水花罢了。风雨前行，勇者无畏。身为深圳市南华中天科技有限公司的掌舵人，樊礼将继续率领公司，在互联网这片机遇无限的蓝海上，乘风破浪，奋发前行，擘画出属于自己的辉煌蓝图！

# 刘沃永：学习力，
## 决定人生后天高度

刘沃永，广西师范大学经济管理学院2021级校友，现任广州汉全信息科技股份有限公司董事长，兼任中国MBA华南联盟副理事长。刘沃永专注互联网软件行业19年，是资深运营推广、项目管理双栈专家。

**人生格言**　成己为人，成人达己。

创立八年来，每年新增触达超过3万家企业，累计到访客户超过3000，累计服务企业客户超过1万，这家专注营销数字化解决方案的先锋企业就是汉全科技。身为行业领先的"软件技术＋数字营销"解决方案服务商，汉全科技集大数据、AI、云原生、区块链等新技术于一体，形成可高度扩展的商业智能和产业智能的平台产品，并深耕各行业场景，协同企业将数据智能应用到企业营销决策的各环节，从战略层面逐步推进客户营销智能升级。

带领这家高新技术企业，在营销软件和区块链软件领域屡创佳绩的，就是汉全科技的创始人——刘沃永。他专注互联网软件行业 19 年，是资深运营推广、项目管理双栈专家，曾任中国第一个 IT 上市企业实达集团广州公司项目实施部工程师、项目部经理、运营推广部负责人、总经理助理、分红合伙人。

## 始于失败，知耻后勇

刘沃永出生于粤西农村，上大学之前从未走出过县城，对世界的认知来自电视和书本。他自述自己天资平平，高考曾复读，谁知第二年高考，考得竟然比第一年更差，遗憾之下上了广州的一所大专院校就读计算机专业。而正是这个选择，改变了他一生的轨迹。

2004 年，从计算机专业毕业的刘沃永在一家公司做 ERP 软件的管理员。尽管工作内容简单，但勤奋认真的刘沃永依然没有丝毫懈怠，始终任劳任怨、兢兢业业地做好自己的每一项本职工作。业余时间，刘沃永精进专业，不断请教和自学计算机相关知识。

踏实上进的刘沃永很快受到领导重用。2005 年，刘沃永进入中国首家上市 IT 企业实达集团，成为一名 ERP 实施顾问工程师，正式踏入软件行业。此后，刘沃永立足本职，奋发进取，在实达集团深耕七年，从一名普通工程师成长为一名高级经理。这期间，刘沃永一直与甲方高管领导合作共事，这让他学习到了不少管理经营理念和经验，对公司运营的流程也更加熟悉。

此后，刘沃永跟随原公司领导创业，任职于多个部门，积累了丰富的经验，更打开了他自主创业的眼界。于是 2015 年，刘沃永注册成立"广州汉全信息科技股份有限公司"，在自己的梦想征途上扬帆起航，驶进软件开发行业的红海。

创业的过程，充满艰辛和险阻，每次遇到困扰，刘沃永总结了解决问题最核心的方法是外出学习和向过来人请教。刘沃永每年坚持在外面至少参加两次商业培训，系统化学习了企业文化打造、领导力、人力资源管理、营销学、项目管理、商务沟通等企业管理基础课程，并且会带领核心团队一起学习重点课程。他在公司内部每周组织一次管理层读书会，每月一次员工读书会，把企业打造成为学习型团队。同时引进合伙人管理制度，为奋斗者发奖金，奋斗者可成为公司分红合伙人，通过赋能员工，让人尽其才、才尽其用，为企业创造价值，实现双赢。

## 洞察机遇，问鼎行业巅峰

企业成立之初，凭借突出的专业技术和良好的人脉关系，刘沃永致力于为客户提供商城软件开发服务。2017 年初，适逢"互联网＋"的后风口，对专业市场有着敏锐洞察力的刘沃永抓住机遇，果断决策，改变企业发展模式，将汉全科技从原来的传统软件公司转变为电商软件公司，随后开拓市场，把业务范围从广州拓展至全国，乃至海外。

八年来，在刘沃永的带领下，汉全科技获誉无数，先后获得"年度极具价值电商移动应用服务机构""新势力社交电商品牌"等荣誉称号，2020 年获国际 CMMI3 权威认证，并成功地在广东股权交易中心挂牌，拥有多项原创技术及核心专利，成为南方航空、立白集团、广州酒家等知名企业的营销数字化解决方案供应商。

时至今日，汉全科技已发展成为国内专注新商业模式解决方案的杰出企业。其针对集团客户的营销中台系统，所用的平台开发底座是全球领先的云原生技术，能支撑百万级用户并发的需求。汉全云营销系统则是覆盖公域私域、线上线下的全场景的数字化营销平台。它能够基于全触点数据构建全域标签体系，助力企业在自营平台、微信生态等全渠道上精准触达用户，自动化营销互动，实时反馈效果，真正实现营销数字化。

刘沃永认为："数字化营销行业是长久都有需求的。在存量经济时期，中国大中小企业的营销数字化到了深水区的 2.0 时代。每个企业都需要积累自己的营销大数据，精准分析客户画像，提前预知客户需求的变化。只有这样，企业才能适应变化，做出更好的产品，赢得未来。"

## 笑对人生，坚持利他精神

带领企业在商海浪潮中拼搏多年，刘沃永却始终保持着豁达乐观的人生态度。生活中，他曾两次从逆境家庭中受到启发教诲。一次，他乘软卧从杭州至北京，车厢里坐了一家三口。刘沃永得知他们一家是北京人，这次是带着儿子去参加全国琵琶比赛，途中顺便在杭州游玩。他们的儿子17岁，戴着眼镜，长相英俊斯文。后来刘沃永才发现，这名少年是个盲人。但这一家三口未流露出一丝焦虑情绪，反而对生活满怀热情，充满期待。

另一次，刘沃永去肇庆助学，拜访了5户低保困难家庭，尽管生活困难，但这几家的老人或家长无一不以乐观的态度面对人生。刘沃永被这些人深深触动着，他总结道："欲望与能力相背离，方生忧。非欲望之焦虑，实为能力之不足。"

因此，刘沃永常做力所能及之事，降低预期，从容面对人生。疫情前五年，他带领汉全科技，实现每年企业营业额三倍增长。疫情防控期间，尽管面对重重困难，但刘沃永始终乐观自信。他不去顾虑能否做好，而是不断钻研，迎难而上，最终带领汉全科技完成疫情下的逆势增长。

同时，刘沃永也始终秉持着"成己为人，成人达己"的人生信条。在多数人眼中，商业是"逐利场"，但刘沃永却始终坚持利他精神，并将其作为企业理念。创业八年来，汉全科技始终在为全体员工的物质幸福与精神幸福不懈努力，更为人类和社会的进步做出贡献。

## 情牵母校，无惧未来挑战

刚从广西师范大学研究生毕业的刘沃永，回忆起在校学习的两年时光，感触颇深。读研期间，他接受了大量实用课程的培训，其中"积极心理学"这门课程增强了他应对困难的勇气，"组织与战略管理"课程提升了他的战略规划能力，而学院安排的泰国、印尼等国家的外教课程，又让他对东盟国家的跨文化管理有了深入了解。从母校课堂上，刘沃永汲取到了许多有益于自己企业发展的宝贵知识。另外，刘沃永还担任了中国 MBA 华南联盟副理事长，使他与外校 MBA 的师生有了更多互动学习的机会。

刘沃永也十分感谢过去两年对他一路关怀的母校老师。导师陆奇岸教授对刘沃永要求严格，并多次引导他用战略管理思想深入规划企业发展方向，同时也在为人处世上为刘沃永树立了良好榜样。黄金鑫老师即使是在深夜，也依然用电话指导刘沃永论文，时间长达一个多小时。对待学生亲切热心的罗宇溪老师，拉近了刘沃永和学校的距离。广西师大的老师们言传身教，不仅提升了刘沃永的专业能力，更使刘沃永学会了勇敢与自信。

风雨多径志弥坚，关山初度路犹长。征途漫漫，未知的挑战还有很多，但在母校精神的指引下，未来刘沃永将继续带领汉全科技，展望未来，谋划蓝图，在砥砺奋进中再创新辉煌。

# 校友寄语

他们说"时代的脉搏是年轻人的脉搏"，他们说"理想的风会吹进现实，熬过的夜也会变成光"，他们说"落其实者思其树，饮其流者怀其源"……48位企业家校友将自己多年的经验与智慧浓缩为短短几句话，寄语学弟学妹们珍惜时光、努力学习，共筑美好未来。

希望学弟学妹们要坚信"人贵有志，学贵有恒"，不要被困难打倒，要知道"天将降大任于是人也，必先苦其心志，劳其筋骨，饿其体肤，空乏其身，行拂乱其所为，所以动心忍性，增益其所不能"。

—— 广西师范大学外语系1976级校友　韦　诚

青年学子们，在当今数字时代，一定要脚踏实地，胸怀大志，广泛涉猎科学文化知识，丰富自己的知识面，文理兼修，不偏不废；尊师重道，关心国家进步，有大局意识；仗义疏财，广交益友，乐于助人，共同进步。

—— 广西师范大学1981级化学系校友　梁伟平

人的一生都是奋斗学习的一生，要成功首先要有动力、压力与自律能力。

一、有目标才会有动力。无论是学习、工作或者是你要实现怎么样的精彩人生，都需要一个心里规划的目标。有了目标就要以永葆青春、激情澎湃的精神状态一步一步地做好每天的工作，同时在工作中不断总结学习、核对与调整好方向，才能一步步靠近我们的目标。

二、融入社会，不孤军奋战。看看周围的成功案例，找出我们与别人的差距，以差距为压力，把压力化为动力，朝目标踔厉前行。

三、人要成功，除了目标与动力，更重要的是要有苦行僧般的自律能力，先把自己管理好才有可能成功。如何管理自己？我的个人理解就是在做好远景目标规划以后，重点关注每天、每周的工作学习完

写给年轻的你们

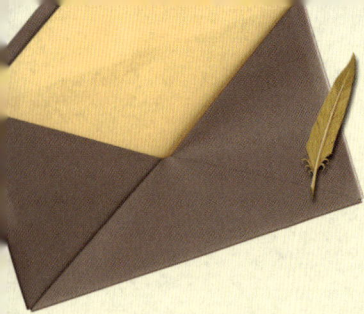

成情况，即时刻以效果导向思维去努力工作，相信即使不能完全实现自己的目标，也会差之不远了。

——广西师范大学生物系1987级校友　甘剑初

珍惜我们共同拥有的"广西师范大学"这个家园，感恩一生。努力践行师德，经天纬地，正心修身，学高为师，身正为范。跨越文理间沟壑，打破专业间障碍，穿越古今中外，博览而固本。

——广西师范大学化学系1987级校友　黄映恒

做好手上的事情，过好平淡的生活。

——广西师范大学中文系1989级校友　陈　琳

愿母校越来越好！愿学弟学妹们学有所成，做一个对社会有用的人。

——广西师范大学物理系1989级校友　郭建林

人生中，会经历许多坎坷和挫折，这是精彩人生的重要组成部分。如何面对失败，如何从失败中吸取教训，继续前行，要相信自己，相信自己的能力，不要被失败击倒，勇敢地面对。要不断地学习，让自己的知识储备与日俱增。要坚持不懈，不要轻易放弃，不要被困难打败，相信自己的能力，相信自己的梦想，为之奋斗。只有如此，你才会发现，成功就在不远的地方。

——广西师范大学政治系1992级校友　麦耀劲

亲爱的校友，当你走出校门，展示在你面前的是一条崎岖的山路。希望你们明白，在人生的发展道路上，从来就没有平坦的路可走。你的梦想，要靠继续的刻苦学习和奋斗去实现。

—— 1992年就职于广西师范大学出版社 欧毓润

希望师大在校的学弟学妹们，在美好的大学时光，切勿忘"业精于勤，荒于嬉；行成于思，毁于随"。

—— 广西师范大学美术系1993级校友 黎祖健

我非常感谢广西师范大学（母校）对我的培养以及支持，母校的教育培养了我爱国爱乡的情怀以及远大的理想。我学的是工商管理，毕业后从事的也是与经济有关的行业，从无到有，从小到大，皆受到在师大读书时的影响。我特别感谢曾经教过我的老师，每年也都坚持回母校拜访他们。师大培养了我的情怀，也培养了我的人格，更培养了我的人生目标。我入读师大正好60周年校庆，70、80、90周年校庆，我都回母校参加庆祝，30年一晃而过，我也见证了师大的发展。师大成功壮大了，作为学生的我也成长了，我非常感恩在师大获得的点点滴滴。我与我夫人，也是因师大而相识的，我的家庭与事业均与师大培养息息相关。我希望母校越办越好，发展成为"双一流"的名校。也希望我的学弟学妹们能珍惜来之不易的大学生活，好好读书，树立正确的人生观，规划好毕业后的人生道路，找好长远的人生目标。师恩浩荡，祝母校校运昌隆！

—— 广西师范大学政治系工商管理专业1992级校友 伍晓明

写给年轻的你们

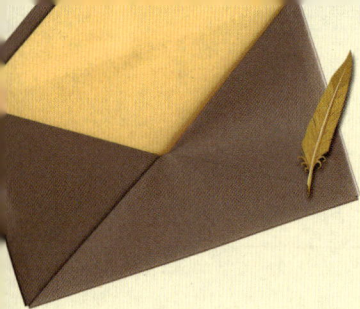

愿母校越办越成功，成绩越来越辉煌！能够给后辈们带来越来越好的生活！希望学弟学妹们，能珍惜此刻的学习时光，珍惜自己的同学老师；也祝愿学弟学妹们，厚学强基，练就本领。有志者，事竟成，奋斗的征程才是最美的青春！

——广西师范大学物理系1993级校友 詹振宇

找自己最喜欢的行业与工作来干，是金子总会发光，不求一时风光，而求长远底气。

——广西师范大学物理与电子科学系1993级校友 李 健

珍惜当下，努力学习，世上没有回头的光阴，别在踏出校门遇到困难的时候，才后悔当初在学校虚度时光。同时，别忘了在象牙塔打开一扇窗，常呼吸一下外面世界的空气，让学习的知识与未来工作的岗位相接轨。有了奶油和面包，我们才能有力气奔向诗和远方。

——广西师范大学外语系英语教育本科专业1994级

法学院法律硕士专业2010级校友 梁国坤

我们终其一生，都是在学习如何解决问题，要知道"问题永远比答案更重要"的客观规律。你在母校学到的一定远不止知识，去关注教授、老师们闪闪发光的思想，总有一天你会恍然大悟。

——广西师范大学历史系1995级校友 陈圆圆

虽然这个时代竞争激烈，但我们不要躺平，不要浪费大学的宝贵时间，提前做好未来就业的规划。

可以好好学习顺利毕业找工作，可以提前准备考研考公，也可以多参加社会实践活动。

积极主动面对大学丰富多彩的课余生活，尽量参加学校学院组织的活动，尽快提升个人的综合能力，做到"一专多能"，未来就业的适应能力更强。

利用课余时间做兼职也是可以给我们带来意想不到的惊喜的，用人单位更喜欢有着丰富兼职经验的大学生。

做自己喜欢的、认为有意义的事，不要后悔自己没有去做的，或者没有达到的事。

—— 广西师范大学教育科学学院 1997 级校友　顾小勇

心怀梦想，努力进取，乐在当下。

—— 广西师范大学政治系1998 级校友　陈　广

学会真诚地待人接物，学好扎实的专业知识，夯实人生道路的基石。

—— 广西师范大学外语系1999级校友　荣海军

与人为善，用爱心做事，用良心做人。

—— 广西师范大学文旅学院1999 级校友　秦晓忠

广西师范大学不仅有强大的师范类教育体系为基础、中等、高等教育系统源源不断地输送人类灵魂的工程师，经典校训"尊师重道，敬业乐群"更是广大学子融入社会后求生存、谋发展不可多得的行为准则，望校友们共同全心践行校训！

愿母校越办越好，学子如漓水滔滔不绝！

—— 广西师范大学外语系2000级校友　甘国宣

写给年轻的你们

希望同学们能够积跬步，达千里，每天都读书，每天都进步！

——广西师范大学体育学院2000级校友  蒙华胜

人生如路，途经荒漠才能走向繁华；人生如路，需历经曲折才能迈上坦途。希望学弟学妹们，在得意时宽以待人，至臻至善，懂得分享，勿忘来时路；在失意时，能抬头向上，保有斗志，不忘初心，传承师大独秀精神。

——广西师范大学经济政法学院2000级校友  肖生华

相聚一团火，分散满天星！作为广西师范大学的学子，谨记母校"尊师重道，敬业乐群"的校训，谨言慎行、努力学习、热爱工作，不断挑战自我。祝愿母校欣欣向荣，蒸蒸日上！祝愿在校学习的学弟学妹好好学习，为未来实现理想目标坚强自我，实现自我！

——广西师范大学经济管理学院MBA2001级校友  殷延东

祝愿每一位学弟学妹在未来的岁月里，不断超越自我，追求卓越，成就非凡。希望你们的人生之旅，如同一本精彩的书，每一页都充满着惊喜和成长。

——广西师范大学体育学院2001级校友  彭  骏

志存高远，梦想飞翔。

——广西师范大学文学院2002级校友  朱建兵

好好珍惜在学校的美好时光，用心读书的人运气都不会太差。牢记母校的"尊师重道，敬业乐群"精神，这将是我们未来走向社会的安身立命之本。

——广西师范大学社会学系2002级校友  姜钧懿

"落其实者思其树，饮其流者怀其源。"母校是永远的精神家园，无论走到哪里，都是我们心灵归属的港湾，独秀精神和乐群文化也已融入我们的血液之中，永远流淌。愿母校桃李芬芳，百花齐放；愿学弟学妹们，笃行致远，未来可期。

——广西师范大学经济管理学院2003级校友 贵尚明

其实我很想祝大家一帆风顺，但是我觉得这不现实。智者说："人这一生，至少有三件事情是无法避免的，一个是苦难，一个是邪恶，还有一个是人生的终点。"

所以真的愿我们，每时每刻，都在当下储存足够的美好记忆，去对抗人生不期而遇的苦楚。

也愿我们在记忆中，能够储存足够多的美善，能够与邪恶相对抗，而不是和它同流合污。

也愿我们永远保持一颗感恩的心面对每一个人和每一件事。

更愿我们能够在记忆中，有更多的美好，让我们平静从容地走向人生的终点。

人生的序章，始于初秋，从远方而来，跨越山海，奔赴下一场诗与远方；青春在这一刻绽放，听风遣，从心所向，新起点上期待下一程绚烂。

——广西师范大学体育学院2003级校友 苗 勇

写给年轻的你们

亲爱的学弟学妹们：

　　首先，我想对你们说，能够进入广西师范大学，是你们人生中一个美好的起点。这里的老师，他们无私地分享知识和经验，是你们前进的坚强后盾。所以，我想告诉你们，大学不仅仅是学习知识的地方，更是探索和发现自己兴趣、激情和人生方向的时期。希望你们珍惜这段美好的时光，勇敢地追寻自己的梦想和目标。

　　我一直相信"凡事预则立，不预则废"。希望你们也能够时刻准备好，为未来做好充分的准备。不要害怕失败，因为每一次的失败都会让你更接近成功。

　　最后，无论你们未来走到哪里，都希望你们记得，作为广西师范大学的一员，你们始终拥有一个坚实的后盾。学长学姐们都在为你们加油，希望你们在未来的日子里，能够走得更远、更好。衷心祝愿你们在广西师范大学的学习和生活，都能够收获满满的幸福和成就！

—— 广西师范大学生物系2004级校友　陆　颜

　　在师大求学的日子，是我人生经历中难忘的四年，这里有我们太多的回忆，太多的欢声笑语。感谢母校的培养，我衷心地希望母校能越办越好，能培养出更多的栋梁之材。

—— 广西师范大学体育学院2004级校友　蒋　波

　　新时代是建设健康中国、实现中国梦的时代。体育是一个让我们的生活更美好的专业，通过终身体育的坚持、群众体育的参与、体育教育的学习、体育产业的积淀，使你们拥有了强身健体、锻炼品质的知识和能力。真诚希望你们踏进这条奔涌着的河，为国家更强大、身体更健康、生活更美好做出贡献。

—— 广西师范大学体育学院2006级校友　李　磊

人生的美好在于它有无数的可能，每个人都可以让它变成自己想要的样子，只要足够努力、心存善良、心中有爱、有家国情怀和担当、不负青春、不负韶华，就一定能让平凡的人生获得精彩的经历，实现自己的人生梦想！

——广西师范大学历史文化与旅游学院 2006 级校友　戴东辉

大学是一个非常宝贵的时间点，在大学已经是半只脚踏入社会。在这四年甚至七年，你都可以去尝试任何事情，所以我个人建议要去多尝试探索，梳理出自己未来的职业方向，不管是升学还是职业发展方向。在大学刚开始多尝试，做好自己的规划，不管是学生工作还是社团学习抑或考研，才能够有所收获。在大学期间，利用这几年好好看看外面的世界，能够树立更正确的世界观，正确的世界观能够影响未来做事的格局和心态。

——广西师范大学经济管理学院MBA 2007 级校友　姚重新

学习、工作、生活，面临选择时，我的经验是：选择让自己快乐的。不是父母期盼的，不是师长鼓励的，不是亲友赞誉的，而是在合法范围内做让你快乐的事。

因为快乐，你能坐更久的冷板凳去完成它；因为快乐，你能激发更多创意去完善它；因为快乐，你能感染更多的人来与你合作。最终，你往往走得更远，发现前人未曾探索的领域，摘取更丰硕的成果。

——广西师范大学计算机学院 2007 级校友　黄鹏升

写给年轻的你们

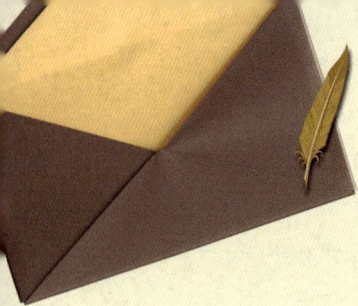

有两句话，是我一直与我律所成员分享的，第一句是"聪明人要下笨功夫"，另一句是"时代的脉搏就是年轻人的脉搏"。

"聪明人要下笨功夫"的理念，将使我们年轻律师感受到踏实，事业稳步精进，千万不要耍小聪明，因为事业是一辈子的事情，急功近利将会走弯路。坚持此理念，凡事一定会天道酬勤，且水到渠成。

"时代的脉搏就是年轻人的脉搏"这句话，就是请各位年轻人一定要充满自信，勇于实践，敢于争先，无论是与谁，即使面对的是所谓的大咖，也要坚持这份自信，因为这个时代是属于我们的！

—— 广西师范大学法学院2008级校友　梁旭光


胸怀是委屈撑大的，意志磨炼铸造英雄。梦想，靠奋斗来接力；历史，因铭记而永恒。我作为一名80后创一代，理想和信念是我的灵魂，在社会中需要自己以创造者和匠人的心态投入进去。我希望在大学的美好时光里，大家能摆正自己的心态，好好读书，天天向上！督促自己去努力提高自身悟道的层次、卓越的思维力、高维度的知见，拥有一针见血的表达能力和高素质的修养！大学毕业是终点，也是新的起点。同学们生逢其时，重任在肩。希望大家传承先辈们忠诚、自信、包容、竞先的文化基因，奔赴属于自己的山海，让世界看到新时代中国青年的志气、骨气和底气。天高海阔，莫愁无知己；万里同行，青山有故人。让我们去拥抱巨变的时代，去成就更好的自己，去圆更美的中国梦！

—— 广西师范大学法学院2008级校友　黄　晓


祝愿母校扎更深的根、生长出更繁盛的枝丫；也希望学弟学妹们珍惜在学校的时光，认真用功地学习，将来步入社会看清生活的真相后，依然热爱生活。

—— 广西师范大学体育学院2009级校友　周　理

青春很短暂，人生的节点近在眼前，但请你相信理想的风会吹进现实，熬过的夜也会变成光，一切为之努力的事情都会有浪漫的结果。

—— 广西师范大学音乐学院2011级校友　俞家模

亲爱的学弟学妹们：

首先，我要恭喜你们进入大学，开启新的学习和成长的征程。大学生活是丰富多彩的，充满了挑战和机遇。在这个特殊的时期，我想分享一些寄语和对你们的建议。

首先，要保持学习的激情和好奇心。大学是一个知识的宝库，无论是学术还是实践经验，都会让你们受益匪浅。

其次，要提升自己的软实力。大学不仅培养专业知识，还注重培养学生的综合素质。要注重发展自己的沟通能力、团队合作能力和领导能力，这些都是在今后工作和生活中必不可少的能力。

最后，要建立良好的学习和人际关系。大学是一个充满交流和合作的环境，结交志同道合的朋友将是你们大学生活中的宝贵财富。

亲爱的学妹学弟们，希望你们在大学期间学有所成，收获满满。要勇敢面对挑战，保持积极的态度，相信自己的能力，相信自己可以做到。祝愿你们度过充实而美好的大学时光！

祝福你们！

—— 广西师范大学经济管理学院MBA2011级校友　邓家发

这个世界上从不缺乏聪明、勤奋、务实的人，而是缺乏在聪明、勤奋、务实基础上能主动积极思考自己为什么要做好一件事的人，所以凡事

写给年轻的你们

一定要积极主动思考，积极主动思考可以预防很多的风险，让你的人生更加平稳。

—— 广西师范大学经济管理学院MBA2013级校友　周光华

笃定梦想，人生永远在路上。

—— 广西师范大学经济管理学院MBA2014级校友　蒋建军

没有不需要埋头苦干就能获得的成功，没有只靠夸夸其谈就能得到的财富。追求卓越，需要无数苦思冥想的深夜，更需要敢于大声说出真相的勇气。

—— 广西师范大学生命科学学院2015级校友　齐子安

在校期间多读书，多运动，多交朋友，多出去看看。好好珍惜和享受校园时光，这段时光或许是人生中最快乐和最纯粹的时光。在这段时光里，你只要好好努力，认真学习，你距离你的梦想就会很近。珍惜同学情谊、师生情谊，去做你想做的事情，勇敢迈出第一步。

—— 广西师范大学法学院2016级校友　王劭杉

祝福母校广西师范大学桃李满天下，谱写新篇章！愿师弟师妹们珍惜当下，学有所成，前程似锦，未来可期！

—— 广西师范大学经济管理学院MBA2016级校友　高　凡

大学是人生中全新的起点，我们要珍惜时间，努力学习充实自己，敞开胸怀与人为善，提高人生格局，放眼全国乃至全球，努力做一个充满正能量的人！

—— 广西师范大学经济管理学院MBA2016级校友　王启华

优秀的老师，团结的同学，在师大研究生的学习让我终生难忘。感谢母校给我提供了学习的平台和机会，感谢我的老师们，让我获得了知识和技能，开拓了我的视野，锻炼了我的思维。母校的发展这些年有目共睹，为母校的发展感到骄傲和自豪。一日师大人，终身师大人，祝福母校发展越来越好，为祖国培养更多的优秀人才。

—— 广西师范大学经济管理学院MBA2017级校友 李清彦

作为师大的一名学子，我对母校有着深厚的感情，感恩母校对我的悉心培养和精心照料，感谢恩师们对我的辛勤耐心的教导，在这里想把几句话送给亲爱的学弟学妹们：

"知遇之恩，感恩之念"常怀于心；

"刻苦努力，奋发向上"保持学风；

"掌握本领，胸怀大志"追逐梦想；

"不忘初心，感恩前行"践行理念。

把祝福送给母校：

跨入百年，您依然青春；

踏上新的征程，您再谱华章。

祝福母校越办越好！

—— 广西师范大学政治与公共管理学院2002级校友 张永乐

在广西师范大学努力学好知识和本领，尊师重道，敬业乐群，为以后的工作和生活打好基础。积极乐观努力向前行，不断超越自我，梦想终会达成。

—— 广西师范大学经济管理学院MBA2017级校友 樊 礼

写给年轻的你们

亲爱的师弟师妹们：

我怀着无比的热情和激动，向你们传递我对你们的祝福和鼓励。广西师范大学是我们共同的母校，她赋予我们宝贵的回忆，并为我们的未来奠定坚实的基础。因此，我衷心希望你们珍惜这段宝贵的时光，勤奋学习，成为有用之才。

在我多年的人生经历中，有着三个重要的信念，我愿与你们分享。

首先，保持永不停歇的好奇心，成为终身学习者。岁月会使我们逐渐变老，但只要我们保持对未知世界的好奇心，无论岁月如何流转，我们都能不断成长。我身边有一位功成名就、拥有丰富经验的企业家，她已经60岁了，却仍然积极参与我们创业者读书会的分享活动。两年多的时间里，她的表达能力和总结归纳能力都有了显著的提升。因此，学习和提升永远不会晚。

其次，主动寻找榜样，追求卓越。我们应该主动寻找那些具有标杆意义的人，向他们学习，效仿他们的优秀之处。我自己的起点并不高，以前经常自责努力不够，拿不到结果。然而，在2018年，我主动加入了一个充满正能量的高维圈子，与一群高手们共同成长。在这个环境中，我发现自己纠正了很多不良习惯，还养成了更高层次的思维方式和做事习惯，实现了飞跃式的进步。

最后，坚持利他之心。我们要时刻怀抱利他之心，思考自己能够为世界、为社会、为客户、为家人、为合作伙伴带来哪些价值。只有怀揣着成就他人的心愿，我们才能够成就自己。

师弟师妹们，我坚信你们必将在广西师范大学的校园中绽放光芒，成为学校的骄傲和未来的栋梁。我衷心祝愿你们学业有成，未来充满希望和机遇！加油！

——广西师范大学经济管理学院2021级校友　刘沃永

# 后 记

　　岁月如歌,广西师范大学在历史的洪流中历经风雨,经过四度调整、六次更名、八次迁址,走过了 90 余载的光辉历程。在这不平凡的岁月里,广大的师生、校友始终团结一心、砥砺前行,用智慧和汗水书写着属于广西师大的辉煌篇章。在广大校友中,有些人耕耘于教育界,培育出一代又一代的杰出人才;有些人投身于科研事业,为科技进步贡献力量;还有些人勇闯商海,创业实干,开辟了一片新天地。他们为社会注入了源源不断的活力,为母校赢得了崇高的荣誉。

　　为传承母校精神、凝聚校友力量、推动产学研合作和科技成果转化,2014 年,学校成立了企业家校友联谊会。多年来,越来越多的优秀校友汇聚于此,共同为母校的发展献计献策、贡献力量。在此,我们对这些校友表示衷心的感谢!

　　为了让更多年轻一代了解优秀校友的风采与智慧,在学校的大力支持下,我们特别编辑本书。书中汇聚 48 位杰出企业家校友的采访故事。在创业的征途上,他们迎风破浪,坚守初心,展现出无畏的勇气与决心,以自身的经历诠释了广西师范大学"弘文励教 至臻至善"的独秀精神。透过这些感人至深的文字,我们不仅能够领略到他们对人生的独到见解、对母校的深厚情感以及对学弟学妹的关爱与期盼,更能够感受到他们面对困境时不屈不挠的斗志与追求卓越的精神。我们期望以此激发年轻人的奋斗激情和创造潜能,愿广西师大优秀的传统和精神在新一代中得以传承与创新,发扬光大!

感谢时任学校党委常委、总会计师、校友会常务副会长李英利在策划编撰此书时给予的精心指导。感谢黄晓昀副校长为本书作序，以此鼓励校友们不懈努力。感谢采编团队刘政、臧首成、蒋星辰、卢颖、王小雨、曹鹏宇等人及刘茜、张天烨、吴秋萍、邓炎梅校友的辛勤付出，他们以专业高效的态度完成采写任务。感谢广西师范大学出版社（上海）有限公司与广西师大上海校友会的精心策划与全力支持。感谢所有为本书付出努力的校友。愿这本书成为广西师范大学校友们心中永恒的记忆，见证我们共同的成长与奋斗，也希望年轻的一代能够从这些校友的故事中汲取力量，勇往直前。

迈入新的时代，广西师范大学已崛起为一所备受瞩目的高校，成为省部共建高校和广西重点支持建设"国内一流大学"的代表。这不仅体现了教育力量的汇聚与升华，更承载着一代代师大人不懈追求卓越的梦想与信念。征程万里风更劲，重任千钧再奋蹄。在未来，愿与广大校友携手共进，共同期待广西师范大学绽放出更加绚丽的光彩！

编委会
2023年11月